Pasquale Stavolone

GW00391312

Ancora ti aspetto!

*"L'importante non è ciò che facciamo,
ma quanto amore ci mettiamo;
bisogna fare piccole cose con grande amore."*
(Santa Teresa di Calcutta)

Al Signore mio Dio, che ha fatto risalire dalla fossa la mia vita.
Senza di lui mai avrei avuto la forza di completare questo libro.
A mia madre, per tutte le volte che mi ha ricordato chi sono davvero.
A mio padre che, ogni giorno mi insegna ad amare in modo incondizionato.
Ai miei veri amici, quelli che ci sono stati sempre.
Ai miei fratelli di fede, siete ormai la mia seconda famiglia.

L'autore

Non è cosa solita a quanto vedo che l'autore descriva sé stesso in un suo romanzo. Qualche volta questa cosa l'ho vista ma non molto spesso. Io comunque proverò a descrivere me stesso in queste prime pagine anche perché una delle mie priorità di vita è instaurare rapporti e non vedo perché non dovrei voler instaurare un rapporto con te che stai leggendo il mio libro.

Sono nato a Napoli nel lontano 1989 ma sono cresciuto nella provincia di Caserta dove ho frequentato tutte le scuole e dove mi sono laureato in Economia Aziendale.

Da piccolo in estate andavo a lavorare con mio padre che faceva l'imbianchino ma non avevo tanta voglia anche perché ero piccolo e vedevo i miei amici sempre a giocare mentre mia mamma mi costringeva a lavorare con lui. Ad oggi la ringrazio perché è solo grazie a lei che so cosa sono i sacrifici.

Sono figlio unico ed ho iniziato a scrivere all'età di 14 anni, così all'improvviso. Ho preso il mio cellulare ed ho iniziato un romanzo pieno di errori grammaticali che spero un giorno correggerò.

Mio padre mi ha insegnato a combattere perché quando il dottore ci ha detto che aveva un cancro da ormai 4 anni e che avrebbe avuto solo il 10% di possibilità di sopravvivere, nel momento in cui sono scoppiato a piangere mi ha dato una pacca sulla spalla e mi ha detto: "Papà ce la farà".

Ho scoperto solo 10 minuti prima dell'operazione quanta paura avesse di morire quando all'infermiere ha chiesto di parlare con me. Sono entrato e ho detto: "Papà non abbiamo nulla da dirci, ci vediamo dopo". Lui manco mi ha risposto, non ce la faceva

5

nemmeno a parlare. Dopo 4 ore in sala operatoria doveva fare 15 giorni di ospedale per la convalescenza ma al sesto giorno è stato dimesso. Andai nello studio del professore che lo aveva operato per un chiarimento ed appena aprii la porta lui e i suoi assistenti iniziarono a ridere.

"Cosa succede?" domandai intontito.

"Suo padre stamattina ha chiesto lenzuola pulite e si è rifatto da solo il letto, dopo solo 6 giorni" rispose uno specializzando.

"Mai visto un paziente operato di cistectomia radicale riprendersi così in fretta in vita mia" aggiunse il professore.

Ecco, da mio padre ho preso la voglia di lottare e di non abbattermi mai.

Mia mamma ha perso 3 dei suoi 6 fratelli per un cancro e stava per perdere anche suo marito per lo stesso motivo ma mai ha mollato, continuava a dire: "Io sento che papà ce la farà" e la stessa cosa sentivo io.

Da mia mamma ho preso la resilienza, l'empatia e la passione viscerale per la musica ed il canto. Siamo praticamente uguali io e lei e ne sono veramente fiero.

Le persone dicono che quando parlo di mia mamma mi brillano gli occhi. Non so se questa cosa sia vera ma io a lei devo tutto. Iniziò a lavorare a 14 anni ed ha smesso a 65 per darmi un futuro e per farmi studiare. Quando avevo 16 anni uscivo coi miei amici e tornavo a casa dopo mezzanotte. Puntualmente, tutte le sere, trovavo mia mamma alla macchina da cucire talvolta anche di Sabato sera. "mamma che ci fai ancora alla macchina a quest'ora?" le chiedevo; era così indaffarata che manco mi ascoltava. "Vattene a dormire che è tardi" poi aggiungevo. Lei alzava lo sguardo, mi guardava ed esclamava queste parole: "Adesso non puoi capire ma io lo sto facendo per darti un futuro migliore ed una vita diversa dalla mia. Magari un giorno mi ringrazierai perché avrai capito i sacrifici che ho fatto per te".

Ricordo tutte le volte in cui da piccolo non volevo studiare i verbi e lei con una santa pazienza mi aiutava a farlo. Se adesso sto scrivendo lo posso fare solo grazie a lei ed alla sua caparbietà. A mia madre devo tutto e per mia madre ho scritto questo libro ed altri che spero di pubblicare.

Il mio intento è quello di renderla fiera di me anche solo un quarto di quanto io lo sono di lei.

Voglio solo dimostrarle che i sacrifici nella vita vengono ripagati come lei sempre mi ha detto anche se so che non ci ha mai creduto.

Voglio solo dimostrarle che, anche se è costretta a prendere medicinali a vita perché ha le ossa delle mani consumate, n'è valsa la pena.

Sono cresciuto giocando a pallone praticamente per strada, in un vicolo dove passavano pochissime macchine e questo mi ha aiutato a divenire la persona che sono oggi. Almeno ad oggi è difficile prendermi per i fondelli anche perché la scuola della strada mi ha svegliato molto. Anche mio zio Ciro mi ha svegliato, infatti quando ero piccolo ed avevo vergogna di tutto mi portava con lui al mercato e diciamo che non mi faceva fare belle figure.

"Chi ten scuorn nun s cocc che femmn bell" (chi ha vergogna non va a letto con le belle ragazze) mi ripeteva in continuazione.

Ad oggi vorrei fargli conoscere la mia ragazza ma di sicuro mi starà guardando da lassù e spero sia fiero di me come io lo ero di lui.

Adesso che sai qualcosa su di me e sulla mia famiglia ti lascio al romanzo che ho scritto e spero ti piaccia veramente.

Buona lettura.

Capitolo 1

Dove hai portato l'altra metà del mio cuore?

*Ricordi quando ci addormentavamo insieme dopo
aver fatto l'amore e poi il mattino dopo ci
svegliavamo e lo rifacevamo? Beh... io con un'altra
mai ci riuscirei, e mai lo farò, perché sei tu l'altra
metà del mio cuore, sei tu e nessuna mai potrà
prendere il tuo posto nemmeno se bella come il sole,
nemmeno se bella più di te.*

Molte persone, nella vita, fanno scelte per induzione.
Mi sono sempre chiesto come mai visto che l'induzione
secondo la fisica è una caratteristica dei metalli piuttosto che
degli esseri umani.
Essere indotti da qualcuno nelle scelte oppure indurre non sono
opzioni giuste eticamente parlando, almeno secondo il mio
modesto avviso. Eppure, ancora oggi, molti individui hanno la
presunzione di mettere bocca su cose di cui non sono a
conoscenza, talvolta, solo per rovinare rapporti. Guardatevi
bene da codeste persone, perché si presentano come amiche e
buon samaritane quando, in realtà non sono altro che esseri
invidiosi della vostra felicità.

**Mi ricordo quando mi chiedevi di dormire insieme, io ti
accontentavo non capendo perché lo volessi così tanto. Per te**

8

era più importante dormire con una persona che farci l'amore ed ho capito che avevi ragione solo adesso che dormo il più possibile, perché nei sogni sei ancora con me!

Erano passati ormai quasi 5 mesi da quando per l'ultima volta Charles aveva visto Clara o meglio da quando lei gli aveva confessato che ormai nella sua vita c'era un altro.
Tante cose erano cambiate per lei, era fidanzata con un altro ragazzo e forse lo amava per davvero.
Diamine quanto avrebbe voluto vederla un'ultima volta.
Non glielo aveva mai concesso, anzi, se le inviava un messaggio lei rispondeva in modo antipatico e gli diceva che doveva farsene una ragione, che era finita, che voleva dimenticarlo e che si stava comportando da immaturo, anche se poi di nascosto andava a spiare il suo profilo coi profili delle sue amiche.
'E chi le capisce le donne, chi li concepisce alcuni loro gesti.'
Pensava.
Come si poteva notare dalle stories, nella vita di Charly, non era cambiato assolutamente nulla: rimaneva la stessa persona di cui lei si era innamorata follemente, la stessa persona che l'aveva portata a fare follie e ad andare contro le amiche ed i propri genitori, anche se ormai lei aveva ceduto alle loro imposizioni.
Rimaneva quello del peluche nell'ascensore, quello fermo per ore sotto casa sua con in mano delle rose bianche che tanto le piacevano, quello a cui aveva detto che ci aveva pensato al loro amore ma alla fine il gioco non valeva la candela.
La sua vita era sempre più monotona, solo che adesso non studiava più e non lavorava, scriveva, come aveva fatto tante volte per lei, per farla innamorare.
Alla fine del loro rapporto Clara diceva che il suo essere romantico lo rendeva pesante e lui sapeva lo dicesse solo per

allontanarlo e man mano la sua stima verso di lei stava scemando, visto che immaginava un futuro diverso per loro due e di certo non si aspettava un taglio netto ed un rimpiazzo così veloce. Adesso scriveva per sé stesso e per regalarsi il futuro che aveva sempre voluto, lontano da lei e dalle sue finte promesse che più volte lo avevano portato all'esasperazione. 'Sarò pure antipatico e a primo acchito freddo ma a differenza tua le bugie non le dico. Mettiamola su questo piano: io sono un antipatico sincero mentre tu sei una simpatica bugiarda. Ecco perché tutti mi danno contro ormai da una vita' pensava, mentre passava intere giornate al computer a compilare domande di assunzione on-line.

Ne inviava circa dieci al giorno ma mai nessuno lo chiamava per offrirgli un lavoro se non con contratti a progetto o per stage poco retribuiti. Si era presentato anche a svariati colloqui senza mai concludere nulla di buono: per un posto decente volevano l'esperienza e lui non l'aveva. Ogni volta che compilava una domanda di assunzione pensava a come devesse essere bello essere un figlio di... come dovesse essere bello stare senza pensieri ed avere il futuro assicurato.

Tante volte aveva pensato di mollare, proprio tante, anche perché non è che avesse mai avuto tanta autostima. Aveva ottenuto buoni risultati nella carriera universitaria, vinto borse di studio e si era laureato col massimo dei voti ma alla fine non avevo ottenuto nulla di quello che sognasse all'inizio del suo tribolato percorso. Sognava di divenire uno scrittore, magari di successo e poi aveva paura di inviare i suoi manoscritti alle case editrici perché dentro sé già sapeva avrebbe fallito e non voleva rovinassero il suo sogno nel cassetto, era troppo importante per lui e nessuno glielo doveva toccare, punto. Sognava poi di diventare un broker finanziario. Amava la Finanza e tutti i suoi aspetti secondo lui accattivanti e si vedeva già coi milioni di euro in banca e le Ferrari parcheggiate nel garage, una modella svizzera al suo fianco, una cameriera e figli con occhi azzurri e capelli biondi come la madre. Chiudeva gli occhi e guardava la vita che aveva sempre sognato mentre la sua, quella vera, gli scivolava tra le mani facendolo sentire inerme. La sera andava a letto distrutto dopo aver passato giornate al computer tra stesure di Romanzi e domande di assunzione e dentro sé sperava sempre in qualcosa che gli potesse cambiare la vita. Era stanco di essere povero, non voleva più vivere di stenti né arrangiarsi col cibo che aveva in casa da giorni. Era scocciato dal fatto che tutti lo trattassero come un perdente quando in realtà era stato sempre una mente eccelsa sia negli studi che nella vita. Quel qualcosa, però, non arrivava mai.

Dopo la forte delusione di Clara era caduto in depressione e quei 5 mesi in cui era stato male avevano rappresentato il periodo più brutto della sua vita, soprattutto perché ci credeva e si sentiva preso in giro, usato come un giocattolo, trattato come un burattino nelle mani di una strega dal sorriso dolce e dal cuore oscuro, come le tenebre più fitte, in cui si trovava da tempo.

Giurava a sé stesso che mai più avrebbe voluto vederla né sentirla e la sera andava a guardarsi le loro foto insieme, piangendo e pensando a cosa erano stati e a cosa avesse sbagliato nel loro rapporto. Tra le sue lacrime e l'indifferenza di Clara ormai era rimasto solo un vuoto da colmare a tutti i costi.

Charly perse circa 13 chili in poche settimane per colpa di quella delusione. Nella prima fase non mangiava, non usciva, non dormiva e passava tutto il giorno a letto non avendo nemmeno la voglia di alzarsi per andare in bagno. Vani erano i tentativi di Emanuele di contattarlo, non rispondeva né a lui né al resto del mondo: voleva stare solo e sentirsi solo, come sempre si era sentito prima dell'irruzione di Clara nella sua vita. Pensava di essersi abituato ormai ad essere solo e che adesso restando nella sua cameretta avrebbe potuto trovare rimedio ma non faceva i conti col fatto che, volente o nolente, con lei e per lei, era cambiato un sacco. 3 mesi buttati a rimpiangere di essere nato e a rifiutare la vita.

Emanuele però non si arrese al primo ostacolo e nemmeno ai suoi continui "vaffanculo, vattene, lasciami solo" a cosa servono gli amici, quelli veri, se non a rialzarti? Ed Emanuele così fece con lui: prese tutte le offese e se le fece scivolare addosso facendo prevalere il bene sul dolore. A volte le sue parole erano veramente pesanti ma lui mai si era arreso e lo aveva iutato davvero tanto in quel periodo, era e resta l'unico vero amico che Charly aveva avuto in quel periodo e l'unico di cui si fidava ciecamente.

La seconda fase, invece, fu molto più dura: iniziò col sentirla tramite messaggi un giorno e col litigarci pesantemente. In pratica, questa fase, iniziò così:

Clara: "Ormai sono passati 3 mesi, avresti già da tempo dovuto fartene una ragione! E poi lo sai che sto con un altro quindi…"
Charles: "Quindi è finita per sempre?"
Clara: "Sì!"
Charles: "Non ti devo più contattare?"
Clara: "No!"
Charles: "Ce la farai a stare senza sentirmi?"
Clara: "Sì!"
Charles: "Io non ce la faccio!"

Lei nemmeno rispose, lasciandolo tremolante ed in preda alle lacrime. Erano passati 3 mesi ormai, sì, però a Charly non erano bastati per cancellare l'amore più grande che avesse mai provato e non si capacitava del fatto che lei lo potesse trattare in quel modo, con così tanta indifferenza, dopo quello che avevano vissuto insieme.

Avrebbe voluto spiegarle cos'è l'Amore ma come fai a spiegare ad un cieco il mare? Lei non riusciva a vedere, non sapeva più amare. Come i suoi genitori, ormai, sapeva solo toccare e sprecare: soldi, uomini, anime... Iniziò da lì a ritornare a vivere. A vivere per dire: aveva paura di uscire, mangiava per sopravvivere, andava in palestra e la odiava, usciva e voleva tornare a casa e se stava a casa voleva uscire, non aveva forze, si sentiva sempre stanco e a volte aveva improvvisi giramenti di testa e forti crisi respiratorie legate ad attacchi di panico. Insomma era in preda ad una profonda crisi depressiva. Era sempre nervoso con sé e col mondo che non vedeva con occhi buoni. Per lui, ormai, al mondo erano tutti opportunisti ed egoisti senza vie di mezzo. Vedeva tutto nero senza mezze misure.

Un giorno però conobbe Jodie, lei era una matta. Aveva capelli lunghi divisi a metà da una riga giusto al centro della testa ed aveva la parte di capelli a destra di colore viola mentre quella a sinistra di colore blu. Ad essere sinceri era un po' strana per Charly e non si sa perché ma divennero subito amici. Era molto più piccola, eppure ragionava già come una donna e aveva i suoi stessi gusti musicali.

Le piacevano i Beatles, le piaceva suonare il violino, scrivere, cantare e studiare proprio come a Charles. A volte pensava fossero fratelli separati alla nascita: lui il fratello più grande e lei la più piccola.

Anche lei aveva sofferto tanto e forse per questo lo capiva. Il padre era messicano e aveva abbandonato la madre appena compreso fosse gravida. Lei aveva cercato più volte di contattarlo ma lui non ne voleva sapere. Ogni tanto, parlando del padre, scoppiava in pianti liberatori e diceva che gli uomini sono tutti uguali, tranne Charly, che secondo lei era un uomo col cuore di una donna.

Gli aveva chiesto più volte consigli sui ragazzi che le piacevano e lui le rispondeva come avrebbe fatto con una sorella, in modo sincero e lei questo lo intravedeva e lo apprezzava. Il problema era il suo orientamento sessuale: diceva di essere gender fluid e quindi un giorno voleva stare con una donna ed un altro con un uomo.

Sì, era matta da legare, proprio come Charly o forse di più.

Capitolo 2

Se Davvero mi vuoi bene, strappami un sorriso!

Fallo in qualsiasi modo! Fai una battuta, fai cose buffe, vienimi a prendere alle 05:00 del mattino, vestiti in modo simpatico, fai quello che vuoi ma fammi stare bene perché in questo momento è solo di quello che ho bisogno!

Era matta ma riusciva a farlo stare bene e a farlo sorridere, ed in quel periodo era quello che più gli serviva: ritornare a sorridere. Se solo la guardava, senza apparenti motivi, già gli cambiava l'umore e questa cosa non gli era successa solo una volta. Succedeva ogni volta in cui la vedeva, subito stava meglio.
Ritornò realmente a vivere anche grazie a lei ed alle sue battute squallide, grazie al suo sorriso, ai suoi gesti, alle sue carezze sulle mani ed i suoi baci sulla fronte ogni volta in cui lo vedeva triste. Per lui era un angelo mandato da qualcuno per salvarlo dal baratro. La sera, prima di dormire, Charly era solito salutare i suoi genitori parlandogli di lui e della sua giornata, come fossero ancora lì, nonostante si ricordasse davvero poco di loro. Iniziò a parlare loro anche di Jodie e a ringraziarli per avergliela inviata. Per lui, loro due, erano i suoi angeli custodi e sapeva che anche se talvolta si era sentito solo, in orfanotrofio in casa o nel letto, in realtà non lo era mai stato veramente. Aveva sempre avuto loro alle spalle, sia nelle scelte più facili che nelle decisioni più difficili della propria vita. Come il mandare il suo manoscritto, qualcosa di cui era estremamente geloso, ad un premio letterario che a dir suo mai avrebbe potuto

vincere. Proprio loro, le persone che più lo avevano amato al mondo, gli avevano mandato un angelo disceso sulla terra per salvaguardarlo dalle cose brutte della vita e dalle tentazioni di buttarsi in una vita diversa solo per racimolare qualche soldo. Le voleva un bene dell'anima e lei ne voleva a lui. Chi li vedeva pensava fossero fidanzati perché uscivano spesso insieme, anche di Sabato sera. In realtà uscivano anche per parlare delle loro avventure che mai sfociavano in qualcosa visto che ci tenevano entrambi a provare un sentimento prima di andare oltre e visto che nessuno li convinceva veramente. Stavano bene, lui e lei. Sorridevano, mangiavano insieme, andavano a ballare insieme e facevano tutto quello che fanno due amici che si amano di bene, anche se tutti pensavano stessero insieme compreso Emanuele. Si piacevano in realtà ma non volevano rovinare tutto. C'era stato solo un bacio, molto sentito da entrambi, però sapevano che non si erano conosciuti per quello ma solo per essere migliori amici.

Un giorno Charly si sentì male, era arrabbiato e pieno d'odio verso il mondo, aveva dolori di stomaco lancinanti e non mangiava qualcosa di sostanzioso da un bel po' di tempo. Beh, era sempre lui a cucinarsi e a volte, in quel periodo, non aveva nemmeno la forza di rasarsi la barba o fare una doccia, come poteva sperare di avere voglia di andare a comprare da mangiare. Si arrangiava con quello che aveva: un uovo sodo, una manciata di spinaci, latte… qualunque cosa sarebbe andata bene per lui a patto di non uscire. Decise però quella sera di parlarne con Jodie e si recò a casa sua.

Jodie: "Cosa ci fai qua fratellone?"

Charles: "Ho bisogno di parlare con te!"

Immediatamente le iniziò a parlare dei suoi problemi più intimi: della morte improvvisa dei suoi genitori quando aveva solo 3 anni, dell'orfanotrofio, dei problemi economici, delle cose che gli avevano fatto più male e del fatto che si era stancato di lottare contro chi era più forte di lui.

si buttò tra le sue braccia ed iniziò a singhiozzare parlando di Clara e di tutto quello che c'era stato tra di loro mentre lei non faceva altro che ascoltare, asciugargli le lacrime ed accarezzargli i capelli, come fa una mamma col suo bambino. Ecco, in quel momento Charly si sentiva il bambino che mai era stato. Per forza di cose era dovuto crescere in fretta e senza affetti e aveva dovuto rimboccarsi le maniche anche solo per studiare senza una mamma che gli insegnasse i verbi o come si calcola l'area del triangolo e senza un papà che la sera quando tornava da lavoro lo abbracciasse chiamandolo campione. In realtà era stato affidato ad alcune famiglie che poi lo avevano riportato indietro ritenendolo poco educato e troppo emotivo. Infatti Charles non amava essere ripreso né comandato da nessuno e forse pure per questo si era sempre sentito solo, voleva qualcuno che lo amasse per quel che era senza dirgli "Questo no, quello sì"
Aveva trovato nella sua nuova amica tutto quello che aveva sempre cercato dal punto di vista affettivo ed ecco perché per lui era una sorella. Lo accettava senza giudizi, lo amava per quello che era perdonandogli le settimane in cui non si faceva sentire e gli scleri post sbronze. Per qualsiasi cosa ed in qualsiasi momento lui poteva contare su di lei e viceversa.
Non era proprio una bella amicizia la loro?
Charles: "come ha potuto farmi questo?"
Jodie: "Non lo so fratello mio, come ha potuto farlo proprio a te, non so!"
Anche lei era una condottiera ed aveva capito che Charles era una delle persone più buone e dolci di questo mondo, anche se i suoi continui traumi lo avevano portato ad avere dei modi di fare al dire di alcuni scontrosi. Lui però lo faceva solo per difendersi e solo con chi stava cercando in qualche modo di

17

fregarlo. Con lei mai si era comportato male e mai aveva alzato la voce.

Jodie fece di tutto per rassicurarlo e continuando a carezzargli i capelli gli disse:
Jodie: "Non fare così Charles, tu sei un ragazzo con una mente brillante. Vedrai che risolverai tutti i tuoi problemi, vedrai che riuscirai a distinguerti dalla massa!"
Charles: "Ho ventiquattro anni Jodie, ventiquattro fottutissimi anni e non ho un cazzo di lavoro. Sai cosa significa? Ho studiato per niente!".
Jodie: "Tutto si aggiusterà amico mio, vedrai".

Lui le credette e questo era l'importante, anche perché in cuor suo lei sapeva di averlo detto solo per consolarlo e che alla fine nemmeno lei ci credeva. Era troppo sporco questo mondo per dare merito ad un ragazzo buono e dolce come Charly.
Jodie: "Perché non andiamo a farci un giro, magari ci prendiamo un caffè"
andarono in un bar vicino casa sua dove facevano degli ottimi aperitivi giusto per ingannare il tempo e per cercare di farlo riprendere un attimo anche se non era facile.

Quando porti una persona dentro, la porti ovunque tu vada. Anche se magari si trova a chilometri di distanza ed anche se sta con un'altra persona, magari passeggiando su un lungomare sotto la luna piena, non curandosi dei tuoi sentimenti.

Jodie: "parliamo un attimo di qualcosa di bello Charly?"
Charles: "mmm…cosa posso dirti, vediamo. Ho inviato un mio manoscritto per partecipare ad un concorso letterario che mai vincerò ah ah ah"
Jodie: "Perché sei sempre così pessimista? Vedrai che sarai tra i primi"

Charles: "Avrà la pubblicazione solo il primo classificato e già se facessi secondo non avrei i soldi per autopubblicarmi ah ah ah."

Jodie: "E se facessi primo?"

Charles: "Andrei a piedi a New York!"

Jodie: "Ah ah ah ma è impossibile andarci"

Charles: "Ecco!"

Jodie: "Mamma che ansia, rilassati un attimo!"

Charles: "Scusami"

Jodie: "Dai mangiamo queste patatine e brindiamo alla cellulite che mi faranno venire ah ah ah."

Innalzarono i bicchieri e brindarono, anche se manco sapevano a cosa. Si era fatto tardi e quindi Charly la riaccompagnò a casa. Lei scese dalla macchina

Jodie: "Mi raccomando!"

Charles: "Va bene!"

Gli aveva fatto bene parlare con lei, si sentiva più leggero e pronto ad affrontare la vita.

Tornato a casa accese come di consueto il computer per compilare altre domande di assunzione ma solo perché Jodie glielo aveva imposto.

Questa volta però aprì prima la mail nella speranza di un colloquio di lavoro. Nulla, chiuse il pc e stanco andò a dormire.

Capitolo 3

Sei più bella delle mie paure

Davvero credi non ti abbia dimenticata? Che illusa!
Certo che ti ho dimenticata, e sono andato avanti sai. Solo che
ad ogni ragazza con cui esco ultimamente manca qualcosa e
quel qualcosa è il tuo sorriso!

Col tempo e conoscendo più pretendenti Charly aveva iniziato a pensare che nel mondo d'oggi con le persone non bisogna mostrare i propri sentimenti ma bisogna nasconderli il più possibile, magari sotto un bicchiere di vino rosso. Aveva paura per sé e per la sua anima a cui erano stati via via strappati tanti piccoli pezzetti che lui mai avrebbe creduto di ritrovare. Li cercava in più persone ma mai nulla accadeva in nessun tempo, in nessun luogo, in nessun modo.

All'inizio, dopo la sua ripresa, era facile dire ad una ragazza: "Ci tengo a te" oppure: "Mi piaci per davvero". Si accorse invece, col tempo, che quasi tutte le ragazze a cui avrebbe voluto dire queste parole, anche se a primo acchito potevano sembrare invaghite di lui, in realtà non volevano altro che divertirsi. Prima di lui, insieme a lui e dopo di lui.

Tutte erano accomunate da un'enorme passione per il sesso e Charly dalla vita non voleva questo ma una storia basata sull'Amore vero, una storia come quelle nei film. Sapeva esistesse nel mondo qualcuno che potesse renderlo felice, ma per lui divenne quasi impossibile riuscire a credere in un futuro con una persona al suo fianco. Pian piano iniziò a rinunciare all'idea di trovare una fidanzata e questa idea lasciò spazio alla sua enorme voglia di non alzarsi la mattina. Infatti Charly, non si alzava dal letto prima dell'una, mai. Questo perché pensava che meno potesse vivere, più facile sarebbe stato per lui soffrire la sua mentalità per alcuni ormai obsoleta e la sua solitudine. Non pensava però che al mondo potesse esistere qualcuno in grado di spezzare con un sorriso tutte le catene che lo legavano a quel letto ed in grado di riportare a lui tutti quei pezzetti di anima che le persone gli avevano sottratto lungo la vita. Il letto che sembrava essere il posto più sicuro per lui ormai da 6 mesi non faceva altro che respingerlo e lui nonostante non avesse sonno abbracciava il suo cuscino forte e si riaddormentava pregando Dio affinché potesse mandargli una ragazza a cui avessero strappato via i suoi stessi pezzetti in modo da combaciare. Non sapeva però che avrebbe avuto invece una persona a cui mancavano i pezzetti che a lui erano rimasti e che aveva tutti quelli che gli erano stati strappati. Se ne accorse la prima volta che la vide sorridere e con lei non ebbe paura di mostrare quello che gli diceva il cuore, anzi, non vedeva l'ora di trovare il coraggio di dirle che lei gli piaceva per davvero. Solo che...

Conosci quella sensazione di paura di sbagliare quando in realtà andrebbe bene qualunque cosa facessi?

Ecco, quella provò Charly appena la rivide: una profonda paura di essere respinto. A differenza di com'era stato con Clara e quindi decise di lasciar stare per non essere ancora ferito, anche se il sorriso di quella ragazza senza nome non riusciva proprio a levarselo dalla testa. La vide ad una festa, lei se ne stava lì seduta senza parlare, con un drink in mano e con quella musica assordante nelle orecchie.

21

Manco lo notava o calcolava, anche se ogni tanto gli sembrava buttasse l'occhio su di lui, anche se continuava a sorridere.

Charly si accorse che aveva gli occhi spenti, gli occhi di chi ha sofferto per qualcosa, lo sguardo di chi da tempo non sorride veramente.

Le sue labbra rassomigliavano tanto ai suoi sbagli, e lui amava sbagliare.

Avesse potuto ci avrebbe provato sin da subito ma quella paura di soffrire ancora non lo lasciava in pace: appena qualcuna gli piaceva ripensava a quei momenti passati a piangere riverso sul fianco destro mentre fissava la parete senza pensare a nulla se non al fatto che volesse scomparire. Ripensava ai suoi sbagli, al suo brutto carattere, agli errori di Clara e pensava che più nessuna si sarebbe potuta innamorare di lui al punto di accettarlo così com'era e senza dirgli di cambiare.

Era seduta da sola e aveva gli occhi tristi, persi nel vuoto.

Lui si avvicinò e le chiese:

"Posso sedermi accanto a te?"

"Sì ma non do molta confidenza agli sconosciuti"

"Mmm... che simpatia"

lei sorrise com'era abituata a fare: per cortesia

"Vedi adesso non siamo più sconosciuti, possiamo parlare."

"Perché mai non lo saremmo più?"

"Perché ho cercato di donarti un sorriso e tu lo hai accettato. Non si accettano regali dagli sconosciuti lo sai?"

Sorrise ancora

"Allora?"

"Cosa?"

"Senti io non so chi ti ha ferita ma ti giuro che non sono proprio quel tipo di ragazzo"

Lei sorrise ancora ma questa volta espirando tutta l'aria che era presente nei suoi polmoni, poi bevve un sorso e disse

"Siete tutti uguali voi uomini: ci promettete il mondo, dite di essere diversi, ci conquistate e poi ci lasciate da sole a morire. Io ho smesso con gli uomini che sia chiaro!"

Charly si alzò

"Ok scusami, adesso vado via!"

Sentì un'anima tirarlo per il braccio

"No aspetta, resta ancora un po' con me".

Ad un tratto sentì uno schiaffo sul collo

Emanuele: "Ti sei incantato?"

Charly: "Cosa?"

Emanuele: "Stai da un'ora a fissare quella ragazza e lei manco ti calcola, perché non vieni a fare un brindisi con me?"

Charly: "Manu sei già ubriaco fradicio, cazzo sono solo le 23:00!"

Emanuele: "Tu lo sai io come sono fatto, non mi metto freni!".

Charly: "Sì, però poi ci torni a piedi a casa!"

Emanuele: "Tutto sto casino per quella volta che ti vomitai in macchina?"

Charly: "A parte che le volte sono tre e poi non voglio trascinarti di nuovo sulle scale mentre la signora delle pulizie del tuo condominio ci guarda come fossimo due drogati perché torniamo a casa alle 07:00 e lei ha appena attaccato a lavorare"

Emanuele: "Lo vedi come sei pesante? Ubriacati pure tu e vivi la vita!"

Era così strano, aveva immaginato quella scena in cui lei gli chiedeva di restare, in modo nitido, nonostante lei manco l'avesse guardato. Era così bella che Charly non poté fare altro che ammirarla per tutta la serata, anche se in nessun modo ebbe il coraggio di avvicinarsi: aveva ancora troppa paura. Al posto degli occhi aveva due pezzi di paradiso e quando sorrideva sulle guance si formavano delle fossette che a lui facevano impazzire, i suoi denti erano perfetti e bianchissimi nonostante lei fumasse e aveva un orecchino piccolissimo sul naso. Anche questo aveva osservato di lei Charly. Non gli erano mai piaciute le ragazze col vizio del fumo eppure per lei ci sarebbe passato sopra. Non gli interessava sapere chi fosse o chi fosse stata prima, non gli importava come aveva vissuto, con chi era stata o altre cose che chi ama nemmeno dovrebbe guardare, pensava solo che la voleva accanto a lui per sempre. Potrà sembrare una pazzia ma Charly era così: mai nessuna gli dava nulla e se trovava una ragazza che gli dava qualcosa, essendo un sognatore ed un romantico subito si fissava. E quello successe: si fissò per il suo sorriso, per i suoi occhi e per le sue gambe. Si fissò ma non ebbe il coraggio nemmeno di parlarle.

Capitolo 4

Io sorrido se sorridi prima tu!

Ti porterò a fare un giro nei tuoi silenzi: ti terrò per mano mentre mi parlerai di cose che a nessuno avevi detto. Magari piangerai ma ti farò scoprire lati di te che nemmeno immaginavi esistessero e ti proteggerò, sì, da tutto il male che la vita ti ha fatto. cammineremo insieme lungo il perimetro del tuo cuore, immersi nella purezza del tuo animo e solo quando avrai capito quello che sei realmente ti bacerò. Non per rapire il tuo corpo, né per approfittare delle tue debolezze, solo per renderti cosciente del fatto che di me non devi avere paura.

Charles: "Parlami di te, Jodie."
Jodie: "Beh, non ci sono poi tante cose da dire…"
Charles: "Parla dai, sono tutto orecchie!"
Jodie: " Ti annoierei, credimi"
Charles: "Parlami di te e basta. Se mi annoierò ti dirò io di fermarti"
Jodie: "Va bene"
Iniziò a parlare del suo passato burrascoso e confessò a Charly di non essere mai riuscita a perdonare suo padre per quello che aveva fatto a lei e alla madre. Mentre piangeva raccontò di tutte le volte in cui aveva provato a contattarlo e quanto le avessero fatto male tutti i no ricevuti da chi avrebbe dovuto amarla più di ogni altra cosa al mondo. Purtroppo suo padre era un donnaiolo e talvolta aveva fatto uso di sostanze stupefacenti insieme ad alcool e altre sostanze sintetiche. Per lui la madre di Jodie era stata solo una delle tante. Lei, invece, si era

25

innamorata al punto di seguirlo fino in Messico ed al punto di sopportare le sue continue relazioni con altre donne. Charly cercava di starle vicino, di accarezzarla, ma alla fine non ce la fece ed essendo una persona molto empatica scoppiò a piangere insieme a lei. Non ce la faceva a sentire quelle cose, anche perché lui come Jodie era cresciuto senza la guida di un padre e sentiva quella storia molto vicina a sé e al suo cuore. Jodie aveva avuto una mamma, sì, ma sempre impegnata a fare la donna delle pulizie per racimolare qualche soldo per farla studiare e per darle una vita migliore. Non aveva avuto quindi una guida, proprio come Charly e proprio come lui aveva dovuto arrangiarsi e crescere da sola. Forse per questo si volevano tanto bene, forse proprio perché avevano avuto vite similari e dolori simili si potevano capire solo con uno sguardo.

L'amicizia non è altro che il capirsi con uno sguardo.

Mentre Jodie piangeva lui le asciugava le lacrime e le baciava la fronte tenendola tra le sue braccia come per dirle: "non ti preoccupare, con me sei al sicuro!"
Lei questa cosa la avvertiva e non faceva altro che dirgli grazie, mentre continuava a raccontare dei suoi problemi con la droga in età adolescenziale, mentre raccontava dei suoi continui insulti da parte dei compagni di classe per i suoi capelli colorati e per i suoi piercing.
"Sarò libera di vivere come voglio?" Diceva in un fiume di lacrime e Charly non faceva altro che ascoltarla e coccolarla, senza parlare, come lei aveva fatto con lui giorni prima.
Jodie tirò fuori tutto il marcio che aveva ricevuto dalle persone in una sola volta e gli mise in mano tutte le sue debolezze, tutte le sue paure, tutta sé stessa, non avendo paura che lui ne potesse approfittare. Sapeva che Charly non avrebbe mai potuto ferire nessuno nella sua vita, desiderava solo che tutti

fossero felici. Non aveva mai provato invidia per nessuno nonostante fosse cresciuto senza genitori e senza soldi in tasca, anzi, ringraziava Dio ogni giorno per avergli dato la sua forza di volontà e la sua intelligenza. Certo i momenti no c'erano come ci sono per tutti ma lui quando stava male pensava ai ragazzi che veramente sono sfortunati: ragazzi malati o con familiari malati costretti a passare anni su un ospedale. Pregava per loro affinché Dio li aiutasse ad andare avanti e ringraziava il Signore per avergli fatto incontrare Jodie. Dopo lo sfogo, tra Jodie e Charly ci fu un bacio, molto passionale.
Charles: "Tu faresti sesso con me adesso?"
Jodie: "Tu?"
Charles: "Io sì!"
Jodie: "Anche io, ma non sarebbe la cosa giusta!"
Charles: "E chi lo dice?"
Jodie: "Tra noi cambierebbe tutto!"
Charles: "Lo so ma perché mi hai baciato?"
Jodie: "Perché volevo!"
Charles: "E adesso?"
Jodie: "Adesso sono tutta eccitata"
Charles: "A chi lo dici?!?"
Jodie: "Leva quelle mani dal mio sedere Charly, per favore levale immediatamente"
Charles: "Scusa, non so cosa mi sia preso"
Jodie: "Nulla, siamo due esseri umani con le loro debolezze"
Charles: "Sì, ma non siamo animali e non possiamo cedere, anche se hai un bel sedere duro"
Jodie: "Coglione!"
Charles: "Voglio che tu lo sappia: mi sono fermato solo perché ti voglio un mondo di bene!"
Jodie: "La stessa cosa vale per me!"
C'erano quasi caduti, che si piacessero a vicenda lo sapevano ma sapevano anche che non avrebbero mai potuto mettersi

27

insieme visti i loro caratteri contrastanti. Magari da amici avrebbero potuto sopportare la cosa ma da fidanzati sarebbe stato tutto amplificato e molto più difficile, e poi nessuno dei due voleva farlo tanto per farlo, volevano alla base un sentimento vero ed anche se si volevano un bene dell'anima quello non era per loro il sentimento che si deve sentire per fare l'amore.

Jodie: "Forse è meglio se mi accompagni perché oggi sei veramente troppo bello!"

Charles: "Penso sia la cosa più giusta da fare!"

Magari leggendo starete pensando che voi l'avreste fatto ma credetemi che Charles, ogni volta in cui abbraccia Jodie e la riempie di baci, non fa altro che benedire quella decisione.

Capitolo 5

Incastravamo i nostri corpi

Mi manchi come il sole d'inverno e la pioggia d'estate, quasi avessi bisogno di te anche se non ne ho più bisogno. Ti penso, ti guardo, mi pento di tutto. Mi fermo, ripenso, sorrido e poi cado. Quante cose avrei potuto fare per te. Addirittura avrei dato da mangiare ai tuoi gatti. E tu, beh... tu sai che prima li odiavo i gatti! Avrei cucinato per te, ti avrei portato la colazione a letto, magari svegliandoti con un bacio sulla fronte come si fa con una principessa. Perché tu, per me, eri la mia piccola principessa; la cosa più morbida che avessi mai toccato, il posto più peccaminoso dove fossi mai stato. Vorrei tu fossi stata per me quello che io sono stato per te e non aver sofferto. Invece ti ho amata davvero dal più profondo del cuore, mentre per te ero solo un gioco.

Ormai Charly si era rassegnato all'idea di aver perso Clara come si era rassegnato al fatto che non trovava lavoro in nessun modo. Pensava che forse avrebbe dovuto abbandonare tutto e tornare ai lavoretti che faceva per mantenersi agli studi. Jodie era contraria a questa idea come lo era Emanuele ma non vedeva altre scelte. Iniziò così a lavorare come cameriere in un ristorante poco lontano da casa sua. Lo trattavano come uno straccio e lo facevano lavorare per 10/11 ore al giorno e la paga non era delle migliori anche se con le mance riusciva a racimolare qualcosa in più, nonostante la metà, dovesse darla al titolare.

29

Passava il mattino a sognare e scrivere e il pomeriggio a lavorare e la cosa non gli pesava perché era impegnato e non pensava a Clara più di tanto, tranne prima di andare a dormire.

La notte è il momento della giornata in cui non puoi nasconderti, e seppure provi a farlo ti ritrovi sempre a parlare con te stesso!
"Cos'ho fatto oggi?" Ti chiedi
"Ha ripensato ancora a lei!" Ti rispondi

Ormai la sua vita ruotava attorno alle amicizie anche se erano soltanto due i suoi veri amici e non ne voleva sentire di vivere un'altra storia con un conseguente dolore. Aveva delle colleghe molto carine ma non pensava minimamente a provare un approccio: andava al ristorante, faceva la sua serata di lavoro, parlava con la gente, la serviva e appena finito prendeva la via di casa non restando nemmeno a parlare con gli altri che a volte si fermavano all'uscita dal lavoro per fare due chiacchiere. Non partecipava alle cene di lavoro, non voleva parlare con gli altri se non del lavoro e non era proprio simpatico a nessuno tranne che al proprietario che era l'unico che forse lo aveva capito per davvero. Fatto sta che passava le sue giornate lavorative a parlare con la gente e ad evitare contatti con le sue colleghe per paura di innamorarsi. Potrà sembrarvi strano ma per lui, in quel momento della sua vita, era giusto agire in quel modo e gli faceva bene starsene da solo durante le pause e parlare con altre persone solo nel caso venisse interpellato. Era un po' sociopatico tranne che con i suoi unici due migliori amici, coloro che amava più di ogni altra cosa al mondo, coloro che rappresentavano per lui la sua famiglia.
Ogni tanto la mancanza di Clara si faceva sentire. Soprattutto quando in radio mettevano le canzoni che lui le aveva dedicato

o quando passavano canzoni caraibiche visto che a lei piaceva tanto ballare la salsa, tanto che più volte lo aveva invitato a seguirla visto che avrebbe voluto insegnargli qualche passo ma lui si era sempre rifiutato perché ci sarebbero state molte ragazze con cui avrebbe dovuto ballare e conoscendosi preferiva non farlo per non ferire Clara visto che in quel momento per lui era davvero tutto quello di cui avesse bisogno. Lei gli dedicò una canzone perché parlava di corpi che si intrecciano e loro, nei momenti più intimi facevano proprio questo: intrecciavano i propri corpi per unire le loro anime e crearne una sola, figlia di un amore indissolubile come nei film, come nelle favole. 'Se non fosse stato per quelle arpie delle amiche e per i genitori, forse, adesso saremmo ancora insieme felici' pensava in preda alle lacrime e con il respiro affaticato. Sapeva però che doveva andare avanti perché lei non lo amava più, così si alzava dal letto e cercava di prendere a morsi la vita. Scendeva di casa il pomeriggio per andare a lavorare e tornava la notte, la mattina dopo si alzava all'una, mangiava, scriveva, alle 15:00 faceva una doccia ed alle 16:00 in punto ricominciava a lavorare. Tutto questo per pensare a Clara il meno possibile. Anche se, a volte, al ristorante entravano amici universitari e non facevano altro che chiedergli di lei non sapendo si fossero lasciati ormai da mesi. Lui chinava il capo rispondendo "In verità lei sta con un altro" ed accennando un mezzo sorriso, al che i più delicati si fermavano, invece altri ribattevano: "E come mai vi siete lasciati?" Lui non voleva dire il vero motivo perché un po' se ne vergognava, anche se sapeva non fosse colpa sua così rispondeva di solito: "Per incomprensioni" A questo punto alcuni tacevano ma altri ancora continuavano dicendo: "Vabbè perché non hai una lira ah ah ah" facendo sorridere se stessi ed i propri amici e mettendo Charly nel ridicolo. Lui ci era abituato ormai e si

31

faceva scivolare tutto addosso girando le spalle ed andando via senza nemmeno lasciare il beneficio di una risposta.

A volte la gente è proprio cattiva, invece di aiutare il prossimo non fa altro che cercare di distruggerlo, forse per sentirsi migliore, forse per sentirsi superiore. Voi se doveste ricevere questo tipo di trattamento da qualcuno fate come Charly: non rispondete ma girate le spalle e andate via, tanto voi siete dalla parte della ragione e loro dalla parte del torto, ed un giorno capiranno e la smetteranno fidatevi.

Charly si accorse col tempo che in realtà alcune delle persone che gli chiedevano di Clara già sapevano dell'accaduto e non facevano altro che cercare di estorcergli qualche tipo di informazione per poi trasformarla a proprio piacimento e portarla a più persone possibili. Lo capì dopo tempo e capì anche che andavano al ristorante dove lui lavorava proprio con l'intento di incontrarlo e chiedere ma non per sparlare di lui, no, con lui volevano solo giocare. Per sparlare di Clara visto che erano invidiosi della sua ricchezza e cercavano di usare Charly per i loro stupidi intenti, solo perché pensavano fosse arrabbiato con lei, quindi avrebbe spifferato tutta la verità ai 4 venti. In realtà lui mai avrebbe detto una parola su di lei perché sapeva fosse stata costretta e perché dentro di lui era convinto lei lo amasse ancora e anche se non fosse stato così era stata comunque la storia più bella ed intensa della sua vita. Come avrebbe potuto parlare male di Clara?!?

Alcuni, quando lo vedevano allontanarsi con la testa tra le spalle esclamavano di stare scherzando. A lui non interessava di ciò perché per scherzo o meno lo avevano ferito e questo tipo di comportamento da parte di determinate persone non faceva altro che allontanarlo ancora di più da altri rapporti che sarebbero potuti nascere con altre persone che magari non sapevano nulla di tutto questo ma che per lui comunque avrebbero potuto portargli disagi.

Passato un mese dal suo nuovo lavoro, il datore a fine serata chiese un colloquio con tutti i dipendenti. Charly così, invece di tornare subito a casa come faceva di solito dovette aspettare la chiacchierata che facevano tutti i suoi colleghi fuori a fine serata, seduto nella sala convegni del ristorante.

Dopo più di mezz'ora li vide tutti entrare e dopo di loro il datore di lavoro

Capo: "Statemi bene a sentire, domani verrà a lavorare come sommelier una ragazza russa. Parlo soprattutto ai maschietti, fate i bravi perché è bellissima ed alle femminucce dico trattatela bene perché nel suo lavoro è bravissima e molto preparata anche se veste un po', come dire, scollato. Quindi maschietti fermi e femminucce non giudicate! Fossero tutti come Charly nemmeno lo avrei fatto questo discorso ma visto che so che siete tutti cani sciolti ve lo faccio. Ah, dimenticavo, se si viene a lamentare di qualunque vostro tipo di violenza che sia verbale o fisica siete licenziati. Buonanotte!"

Appena il capo uscì dalla stanza Charly sentì una voce esclamare:

"Se fossero tutti come Charly qua saremmo tutte ancora vergini ah ah ah"

Lui fece finta di non ascoltare e se ne uscì subito dalla stanza, scomparendo tra le risate dei suoi colleghi.

Era un tipo chiuso, sì, ma non meritava tutto questo disprezzo dalle persone, soprattutto perché lui nemmeno le calcolava. Il datore di lavoro avendo sentito lo prese sotto braccio e gli disse:

Capo: "Sai perché loro fanno così?"

Charles: "Non saprei..."

Capo: "Perché sanno di essere inferiori e cercano di compensare prendendoti in giro piuttosto di pensare a come fare per divenire persone migliori. Loro resteranno qua dentro per il resto della loro vita, tu invece diventerai un grande!"

Charles: "Io non sono superiore a nessuno signore, sono solo uno che è cresciuto da solo, un sociopatico che cerca in tutti i modi di emergere, ecco quello che sono. E loro sono molto più avanti di me perché hanno genitori, fratelli, amici, amanti. Hanno tutto quello che io ho sempre desiderato e non lo sanno apprezzare, lo danno per scontato mentre io ho solo Dio dalla mia parte:"

Capo: "E allora hai tutto!"

Charles: "Lo so, ma vorrei essere apprezzato per quello che sono e non per come appaio"

Capo: "Un giorno lo sarai!"

Charles: "Lo spero!"

Capo: "Adesso vai che è tardi, ci vediamo domani"

Charles: "A domani"

Charly tornò a casa e si mise subito a dormire ripensando come sempre, ai momenti passati con Clara.

Capitolo 6

Aggiustiamo le cose invece di pensare a cambiarle, non siamo giocattoli ma persone!

A quanto pare, al giorno d'oggi sono l'unico a credere ancora nell'amore, l'ultimo a lottare perché penso ancora possa vincere su tutto.
Mi guardo intorno e giorno dopo giorno capisco che ormai non è più così che va la vita. Ognuno esclama di voler amare ma al primo intoppo si dice subito pronto a cambiare persona senza nemmeno degnarsi del se sta facendo male all'altro o se sta agendo nel modo giusto. È così che si uccide l'amore: esclamando di volerlo provare e comportandosi in tutt'altro modo.

il giorno dopo, mentre Charly si apprestava ad andare a lavoro assorto nei suoi pensieri e con cornice i rumori del traffico cittadino come suo solito, per strada gli si avvicinò una ragazza con in mano una cartina. Aveva i capelli neri.
"Ciao" gli disse "Sai dove si trova il ristorante IL FARO?" poi aggiunse. Aveva un accento strano e Charly proprio non riusciva a capire come mai volesse questa informazione.
Charles: "Ci lavoro ma adesso è chiuso"
Andrea: "Ah, bene, piacere Andrea, sono la nuova sommelier"
Charles: "Piacere mio, seguimi allora" disse facendole strada con lo sguardo rivolto verso il suolo.
Andrea: "Ci lavori da molto?"
Charles: "Poco"
Andrea: "Come ti ci trovi?"
Charles: "Bene"

Andrea: " E, quanti anni hai?"
Charles: "Vieni dalla CIA?"
Andrea: "Scusami è che volevo fare amicizia"
Charles: "All'interno ci saranno tanti ragazzi con cui fare
amicizia" disse aprendo le tende e accennando un timido
sorriso
Andrea: "Che accoglienza"
Una volta entrati si trovarono davanti il capo e tutto il resto del
corpo camerieri
"Hai capito Charly" disse uno di loro guardando il capo
"Manco l'ha fatta arrivare" poi aggiunse e tutti scoppiarono a
ridere compresa Andrea
"Vaffanculo Fred!" rispose anche lui sorridendo
Fred: "Charly io ti vorrei parlare a nome di tutti visto che siamo
qui riuniti"
Charles: "Non vi preoccupate, non mi servono le vostre scuse"
Fred: "Non essere sempre orgoglioso ed ascoltami"
Charles: "Davvero, non ho bisogno di nulla, adesso fatemi
lavorare per favore" disse entrando negli spogliatoi maschili un
po' arrabbiato
Andrea: "Cosa succede?"
Capo: "Nulla di che, semplicemente questi coglioni non fanno
altro che prenderlo in giro non sapendo che è in un periodo
delicato della sua vita e che si è lasciato da qualche mese con la
propria fidanzata. Per questo preferisce starsene da solo e
lavorare senza pensare a nulla e senza dare confidenza a
nessuno"
Andrea: "Lo ha fatto anche con me"
Capo: "Ha paura di avere dialoghi con le ragazze per non
innamorarsi di nuovo visto che è stato davvero tanto male per
via della sua Ex"
Andrea: "Finalmente uno che la pensa come me allora ah ah
ah"

In realtà non la pensavano esattamente allo stesso modo visto che lei amava tanto fare sesso senza innamorarsi mentre lui senza un sentimento di base nemmeno un bacio sarebbe riuscito a dare. Era troppo fragile e romantico per cose di questo genere ma Andrea sbagliando a capire le sue intenzioni iniziò sin da subito a non dargli tregua.

Voleva solo sesso e quindi Charly le rispondeva sempre male e faceva di tutto per allontanarla. Lei non capiva il perché ma era fortemente attratta da lui e faceva di tutto per farlo cadere. Non sapeva dove avesse preso il suo numero di cellulare e gli inviava foto provocanti tutto il giorno, a volte anche mentre stavano lavorando. Andava in bagno, se le scattava e le inviava. Lui apriva la chat e davanti a cotanta bellezza sorrideva, lei compiaciuta gli passava vicino e gli sfiorava la schiena col seno. Diceva che quando aveva un contatto con lui sentiva dei brividi dentro. Aveva capelli corti e neri ed occhi azzurri.

'Fosse stata una brava ragazza, con lei ci sarei stato' pensava, non sapendo che un giorno... ah, le donne, ne sanno una più del diavolo. Lui che volevo lavorare e lei che voleva solo lui per una notte o anche di meno.

Solo a sentirla parlare e a veder muovere quelle labbra carnose moriva. Ogni suo battito di lingua era un muoversi verso lo scacco matto, ad ogni suo sbattere di ciglia corrispondeva un suo battito di cuore. Aveva quell'accento da donna dell'est che a lui piaceva tanto e si vedeva già dagli occhi che era una mangiatrice di uomini. Ecco perché voleva starne alla larga.

Non aveva mai avuto storie di solo sesso e non voleva cominciare in questo periodo delicato della sua vita insieme ad una ragazza che lo aveva detto esplicitamente. In verità già dalla prima volta che la vide pensò a come sarebbe stato bello andarci a letto ma alla fine cosa avrebbe avuto in cambio? Qualche attimo di piacere e basta. Aveva così tante ferite da arma da taglio nella schiena che non credeva più in nessuno. Li vedeva tutti uguali, tutti automi pronti a fotterlo alla prima possibilità datagli. Però continuava a cercare qualcosa in più dalla vita: una ragazza con cui costruire un futuro e con cui avere una casa, una persona che non approfittasse delle sue fragilità come avevano fatto le altre, una persona sincera e non falsa ed opportunista. Di certo non perdeva tempo con le storielle. Erano passati 6 mesi dalla sua ultima volta, le voglie iniziavano a farsi sentire ed in modo anche molto forte. A dargli una mano a non pensarci c'era Andrea che aveva cominciato coi video oltre che alle foto.

Charles: "Smettila, lo sai che non ci casco."
Andrea: "Vedremo!"
Charles: "Ormai è un mese che ci provi. Ci sono tanti nostri colleghi più belli di me."
Andrea: "Questo è vero ma io voglio te!"
Charles: "Lo sai che è inutile!"
Andrea: "Forse non hai capito che sarai mio!"
Charles: "Convinta tu…"

Girò le spalle e continuò a lavorare mentre lei si allontanava sbuffando. Non sapeva come potesse gestire se stesso e le sue voglie dinanzi a cotanta bellezza. Dopo poco gli arrivò una sua foto seminuda nel bagno del ristorante con tanto di scritta: "Dai che anche tu mi vuoi"
"Smettila" rispose, anche se veramente avrebbe voluto andarci di corsa in quel bagno. Continuò a lavorare fino alle 2:00 di notte e mentre stava per tornare a casa stanchissimo, gli occhi gli si chiudevano da soli. Appena girato l'angolo di casa però vide Andrea seduta sulle scale del suo monolocale

Charles: "Cosa ci fai qua, sei matta?"
Andrea: "Non ti piaccio vero?"
Charles: "Ma no, sei bellissima!"
Andrea: "Allora perché mi eviti?"

Charles: "Perché non voglio quello che vuoi tu, semplice!"
Andrea: "Sei gay?"
Charles: "Oddio no. Io non sono come gli altri. Se ti aspetti da me che provi a baciarti al primo appuntamento lascia stare, forse sono troppo per te. Se pensi io possa cercare un contatto fisico sin da subito, ripensaci. Se credi io voglia averti a fianco perché hai un bel seno, tirati indietro adesso.
Andrea: "Come sei tu?"
Charles: "Io sono diverso, molto. Cerco chi mi faccia stare bene e mi accetti nel mio essere differente. Ecco, questa è la parola giusta: "Differente" e non Indifferente ai sentimenti come sono oggi tante persone."
Andrea: "Non ti capisco"
Charles: "Voglio una persona che mi dica tu sei tutto quello che voglio conoscendo solo i miei difetti ed amandomi per quelli. Qualcuna che quando dico che so cucinare mi risponda che se non l'avessi saputo fare sarebbe stato lo stesso. Una ragazza che mi accetti con i miei modi di fare e che mi faccia sentire diverso dagli altri senza farmene accorgere."
Andrea: "Quindi non cerchi ciò che cerco io?"
Charles: "No, cerco chi possa farmi innamorare senza tirare in ballo il solito sesso perché quello, ormai, lo hanno imparato tutti dai film porno. Ad amare invece? Chi è che sa ancora amare al di fuori di tutti gli interessi? Quello devi averlo dentro e non lo impari dai film. Io cerco chi sappia ancora farlo. Tutto il resto non mi interessa, anzi, forse mi rattrista."
Andrea: "Come sei bello!"
Charles: "Dai Andrea torna a casa che è tardi e sei ancora in tenuta da lavoro."
Andrea: "Ami qualcuna vero?"
Charles: "No, penso alla mia ex ma non penso di amarla ancora. Adesso torna a casa dai che sono stanco e non mandare più foto nuda né a me né ad altri ragazzi! Cosa possono pensare

di te i ragazzi a cui mandi le foto o a cui ti mostri mezza nuda se non che sei una poco di buono? Magari lo farai pure senza malizia ma gli uomini sono molto molto maliziosi. Pensaci dai, forse ti senti meglio mostrandoti alle persone per quella che non sei!"
Andrea: "Va bene, me lo dai un bacino sulla guancia?" disse in modo dolce
Charles: "Certo!" si abbassò e la baciò sulla fronte, lei chiuse gli occhi
Andrea: "Tu mi piaci davvero Charly, per me non sarebbe solo sesso."
Charles: "Va bene, ora torna a casa però dai"
Andrea: "Bye bye"
Si allontanò mentre lui trovava la chiave per aprire il portone.
Più tardi gli arrivò una sua foto struccata.
Andrea: "Ti piaccio più così?"
Charles: "Molto di più!"
Andrea: "Va bene, Buonanotte!"
Charles: "Notte."
Charly era stremato eppure vedendola aveva provato delle emozioni fortissime, emozioni che non riusciva a descrivere. Era come se avesse provato piacere nel vederla così dolce e indifesa, come se avesse provato piacere nel vederla a nudo, senza la sua femminilità da cacciatrice, senza la sua faccia da donna supersexy, spoglia delle sue irrefrenabili voglie. Era contento di averla vista così perché è facile mostrare le nudità del proprio corpo piuttosto che mostrare quelle della propria anima e in quel momento Andrea aveva fatto proprio questo: si era messa a nudo per lui, anche se rimanendo in tenuta da lavoro. Charly in quel momento capì che lei faceva sul serio e che forse, come affermava non lo voleva solo per una notte, anche se ancora non ne era convinto. Aveva bisogno di dimostrazioni forti e di comportamenti fermi da parte sua. In

più avrebbe voluto un suo cambiamento radicale sia nel modo di vestire che nel modo di comportarsi con gli uomini, anche se appena conosciuti, a cui lei dava segnali sin da subito perché voleva fossero sempre prima loro a compiere il passo, divorandoli poi come una iena fa con la sua preda. Forse ad alcuni piacevano i suoi modi di fare ma ad altri lei aveva portato solo dolore e vuoto dopo esserci entrata in rapporto. Sebbene sapesse che fossero a volte uomini fidanzati o sposati lei non pensava ad altro che a sé stessa e li faceva innamorare con la sua enorme femminilità e voglia continua di sesso per poi chiedergli di mollare tutto per seguirla. Gli uomini più forti, soprattutto quelli che avevano figli, non mollavano la loro vita ma quelli fidanzati o più deboli, talvolta non ci pensavano due volte, non sapendo che stavano per firmare la loro condanna a morte. Lei si nutriva di rapporti privi di sentimenti, che duravano al massimo 6 o 7 mesi, rapporti in cui al primo posto veniva sempre messo il sesso da ambedue le parti e quando si accorgeva che la passione stava per svanire lasciava tutto da un giorno all'altro e l'altra persona per lei diveniva solo un peso. Tutto questo ad alcuni andava benissimo perché era proprio quello che volevano in quel momento della loro vita ma chi si innamorava di lei perdutamente non poteva fare altro che soccombere, pregarla in tutti i modi di tornare e sentire il vuoto lasciato da lei nel proprio cuore. Forse, per voi, Andrea era una bruttissima persona e forse lo era per davvero ma tutti i suoi comportamenti così ostili verso gli uomini rivenivano dalla sua prima volta. Alla tenera età di 15 anni era stata abusata sessualmente da un uomo sposato e non amava ricordarlo o parlare di questa vicenda. In verità nemmeno lei ricordava proprio bene la scena. Sapeva solo che lui era ubriaco e che lei non faceva altro che urlargli basta. Non durò così tanto il rapporto, anzi lui entrò ed uscì in un attimo ma per lei quei momenti durarono ore e giorni di pianti angoscianti lontana da tutti e rintanata nella sua cameretta, senza nemmeno avere la voglia di mangiare. Non lo aveva mai confessato, nemmeno ai suoi genitori o alla sua migliore amica ed era proprio questo il motivo per cui era scappata dalla Russia. Proprio per scappare dal suo aguzzino, anche se mai più lo aveva rivisto. Ecco perché non credeva più nel sacramento del matrimonio ed ecco perché cercava in tutti i modi di dividere le coppie felici. Era per lei quasi una missione poichè pensava che gli uomini fossero tutti adulteri anche se dentro sé cercava qualcuno che la facesse ricredere e forse proprio per questo Charly le piaceva così tanto. Perché l'aveva rifiutata più volte a differenza degli altri anche non essendo fidanzato o sposato. Lui era tutto quello che lei aveva sempre desiderato dalla vita prima di quella brutta esperienza: lui l'avrebbe saputa amare per davvero e non avrebbe mai potuto cedere a tentazioni di altre donne. Ecco perché si era spogliata di quella veste pesante che aveva avuto addosso per tutti questi anni. Pesante, sì, visto che ogni uomo le portava via un po' della sua anima, soprattutto quelli a cui piaceva giocare con lei. Qualche volta si era innamorata ma quasi sempre di ragazzi che sapevano fare sesso come piaceva a lei e mai di ragazzi conosciuti normalmente. Ad un tratto aveva paura e scappava per non ricevere altro male ma così non faceva che uccidersi, lentamente, ed uccidere gli altri.

Charly appena arrivato a casa si accorse di aver ricevuto una nuova foto da parte di Andrea. Questa volta, però, era col pigiama e con solo addosso la sua paura di non piacergli

"Sei bellissima" le scrisse

"Lo pensi davvero?" chiese

"Certo!"

"Menomale"

"Buonanotte"

"Notte"

Capitolo 7

Non metterti sempre al primo posto!

Continuano a dirci che per nessuno al mondo dobbiamo cambiare. Ci insegnano che al primo posto dobbiamo mettere noi stessi, sempre, e che il nostro sorriso non deve dipendere da quello di altre persone. Io penso che gli amori di una volta, quelli veri, duravano in eterno proprio perché al primo posto non si metteva il proprio ego ma l'altra persona. Si evitava di fare del male poiché era importante l'umore dell'altro piuttosto che il proprio e le voglie che potevano venire guardando un'altra dopo anni di matrimonio si sgretolavano dinanzi a cotanto sentimento. Se dovessi darvi un consiglio spassionato vi direi di cambiare, solo per chi lo merita ovviamente e in più vi direi che è bello privarsi di determinate cose per il bene di un'altra persona. Fino a quando metteremo noi al primo posto e non la persona che amiamo continueremo ad incappare nei nostri errori da stupidi umani, continueremo a prediligere cose effimere. È questo che vogliamo? Prima di affermare che l'amore vero, ormai è solo un sogno, provate a pensare a cosa fate voi per alimentarlo e a come sarebbe bello se tutti si prodigassero per l'altro. Forse mi sbaglierò, sarò un sognatore, ma rimango di questo avviso.

Il giorno dopo si alzò verso le 9:00 e non sapendo il perché cominciò a considerare l'idea di provarci con Andrea, guardava la sua foto e ripensava alla sua dolcezza. Forse era così spudorata solo perché aveva bisogno di attenzioni, chi lo poteva sapere. Si mise a scrivere e nel mentre fece colazione, poi fece una doccia e verso le 13:00 mangiò. Verso le 16:00 si avviò a lavoro pensando a come mai non avesse ricevuto messaggi o foto di Andrea per tutta la mattinata. Un po' le mancava visto che era stata nei giorni prima molto assillante. Entrò nel ristorante e la vide da lontano, lei lo salutò e lui ricambiò; finì tutto lì. Non gli andò vicino, non mandò foto e non lo calcolò tutta la sera.

Le sere dopo iniziò ad andare a lavoro senza scollature, ad essere più professionale coi clienti e a truccarsi in modo meno pesante. E per settimane continuò a non dare più di tanta retta ai ragazzi e a non provocarli.

Una sera, a fine turno Charly decise di parlarle.

Charles: "Posso?"

Andrea: "Certo, dimmi"

Charles "Come mai sei cambiata da un giorno all'altro?"

Andrea: "Cambiata, in cosa?"

Charles: "In tutto!"

Andrea: "Ah... lo hai notato?"

Charles: "Certo!"

Andrea: "Diciamo che una persona mi ha fatto capire che forse i miei comportamenti non erano tanto giusti per lui e per me stessa, e siccome ci tengo ho deciso di provare a cambiare qualcosa di me."

Charles: "Dici sul serio?"

Andrea: "Mi vedi come prima?"

Charles: "No."

Andrea: "E allora..."

Charly Non poteva credere ai suoi occhi. Era cambiata per lui, aveva accantonato tutta la sua voglia di essere una cacciatrice di uomini solo perché si era invaghita della sua persona. Non ci credeva poi tanto ma lei non lo dimostrava con le parole, anzi in quei giorni di parole gliene aveva dette pochissime.

Avevano parlato solo per le comande ed il lavoro, lo stava dimostrando col suo comportamento verso gli altri, coi fatti.

Una sera come le altre Andrea non ce la fece più ad aspettare e decise di fare il primo passo verso un Charly molto scettico
Andrea: "Ti andrebbe di fare colazione insieme domattina?"
Charles: "non so se ci sono, controllo l'agenda..."
Andrea: "Dai scemo, ci vediamo alle 10:00 da te?!?"
Charles: "Va bene, buonanotte."
Andrea: "Notte a te."
Tornarono a casa e prima di dormire lui pensò a lei. 'Chissà se mi prende in giro' si chiese. Fatto sta che non stava più pensando a Clara e questa per lui era già una grande vittoria. Forse pian piano Andrea stava conquistando il suo posto senza che Charly se ne accorgesse. Però era troppo presto per pensare a lei come alla donna della sua vita quindi decise di viversela come gli sarebbe venuta, abbandonando la sua tesi che non faceva altro che fargli respingere le ragazze.
Il mattino seguente Andrea passò a prenderlo con la sua auto alle 10:00 precise. Scese di corsa e salì in macchina.

Sentiva dentro di sé un qualcosa di strano, un sentimento che non provava da tempo. Non sapeva cosa fosse ma rassomigliava tanto alla felicità.

Charles: "Vedo che sei precisa"
Andrea: "Sempre, non mi piace far aspettare"
Charles: "Ottimo!"
Andrea: "Dove andiamo?"
Charles: "Non so, dove vuole mia stalcker!"
Andrea: "Va bene mia vittima!"
si recarono presso un bar vicino casa di Andrea. Charly non conosceva quel posto, anche perché era aperto da poco e lui ormai dai 6 mesi usciva solo per andare a lavoro e quasi mai per svagarsi. Era un posto di classe ed aveva fuori delle larghe vetrate che affacciavano sulla strada. Lui rimase basito

dall'eleganza e dal buongusto degli arredamenti. I camerieri non erano da meno. Ragazze in tailleur e ragazzi in smoking.
Charles: "Molto fine come posto!"
Andrea: "Tu meriti il meglio!"
Charles: "Mi prendi in giro?"
Andrea: "Perché dovrei, è quello che penso. Sei una persona speciale e sto bene quando ti penso e quando ti vedo"
Charly: "Anche io in questo momento sto bene ma ho paura di te"
Andrea: "Guardami negli occhi. Non ti farò mai del male te lo prometto."
Appena entrati videro una ragazza che gli si avvicinò per accoglierli.
Cameriera: "Vi accomodate?"
Andrea: "Certo!"
Cameriera: "Ok, seguitemi"
Li portò ad un tavolino per due posto praticamente in mezzo alla folla. Avevano pochissimo spazio per sedersi e provarono tra uno slalom e l'altro di trovare una posizione congrua per poter parlare
Cameriera: "Sapete già cosa prendere o passo tra poco?"
Andrea: "Per me un cornetto vuoto e un cappuccino"
Charles: "Lo stesso per me"
Andrea: "Mi copi la colazione?"
Charles: "mmm... sì"
Quella mattina faceva un freddo cane e loro due erano all'interno delle vetrate. Anche se coi riscaldamenti e se sommersi di persone ogni tanto qualche folata di vento si faceva sentire, visto che le porte di entrata erano praticamente sempre aperte. Charly non distoglieva lo sguardo da quei bellissimi occhi azzurri. Lo aveva rapito e lui stesso ne era a cosciente. Si conosceva, ma non doveva dargliela vinta fino a

quando non avesse capito lo volesse davvero come fidanzato e non come amante, come asseriva.

Charles: "Come mai mi hai invitato a colazione?"
Andrea: "Mi fa piacere stare con te"
Charles: "Nemmeno mi conosci…"
Andrea: "Cosa significa questo? Ti conoscerò, se vorrai"
Charles: "Secondo me stiamo per ucciderci a vicenda"
Andrea: "Perché dici così?"
Charles: "Perché mi piaci un casino e non ce la faccio più a resisterti"
Andrea: "Anche tu mi piaci tanto Charly, davvero!"
Charles: "Come faccio io a piacere ad una come te? Non ho nulla di bello!"
Andrea: "Una Donna non guarda solo il lato estetico, si vede che attrai per altre cose e poi non è che se una ti incontra per strada pensa che sei brutto."
Charles: "Oh che complimenti, ma grazie ah ah ah"
Andrea: "Era per dire scemo"
Charles: "E cosa guarda una donna?"
Andrea: "Adesso vuoi sapere troppo baby"
Charles: "Ma che scema ah ah ah"
In realtà gli piaceva quell'alone di mistero che c'era in lei. Non ti lasciava mai capire le sue vere intenzioni, ti lasciava sempre sul chi va là e ti faceva provare sempre una voglia pazzesca di possederla. Bastava solo assaporare le sue movenze per restarne letteralmente rapiti.
Passarono la mattinata seduti a quel tavolino a ridere, scherzare e parlare delle figuracce che facevano a lavoro.
Andrea: "Ti ricordi quando mi capitò quella bottiglia andata a male e quei ragazzi la bevvero solo perché gliel'avevo portata io? Ah ah ah"
Charles: "Certo che mi ricordo, tu hai quel seno così sodo, ci credo ah ah ah"

47

Andrea: "Siete davvero così attratti dal seno?"

Charles: "C'è chi sì e chi no ecco."

Andrea: "E tu?"

Charles: "Beh, come dire…"

Andrea: "Ho capito, pervertito!"

Charles: "Non sono un pervertito!"

Andrea: "Sì che lo sei!"

Charles: "No!"

Andrea: "Ma se a lavoro stavi sempre a guardarmi il seno dai…"

Charles: "Cosa ne sai tu?"

Andrea: "Me ne accorgevo. Secondo me a letto sei un toro!"

Charles: "Dai ci stai provando…Comunque non mi esprimo sull'ultima parte del tuo discorso"

Andrea: "Nooo me ne accorgevo e secondo me sì che lo sei. Me ne sono accorta dagli occhi che facevi quando mi guardavi"

Charles: "Impossibile, lo facevo di nascosto"

Andrea: "E allora parliamo dei tuoi occhi dopo che ti avevo mandato le foto"

Per fortuna arrivò la cameriera a salvarlo dalla situazione

Cameriera: "Ecco a voi ragazzi, sono 2 cornetti e 2 cappuccini. In tutto sono 4 e 40."

Charly le porse 5 euro. "Grazie" disse "A te" rispose.

Charles: "Dicevamo?"

Andrea: "Parlavamo dei tuoi occhi mentre guardavi le mie foto"

Charles: "mmm… Davvero buono questo cornetto."

Andrea: "Dai, cosa ne pensi di me"

Charles: "Penso di non aver mai visto un seno così bello in vita mia"

Andrea: "esagerato, sono troppo grosse secondo me"

Charles: "Sono serio. Penso tu sia perfetta e non so perché ti dai a tutti visto che dovresti trattarti come una pietra preziosa."

Andrea: "Mi sono data solo a quelli che mi piacevano non a tutti."
Charles: "Ci mancherebbe altro"
Andrea: "E poi gli errori si fanno."
Charles: "Certo e non sarò io a giudicarti, anzi per questo non siamo fatti per andare oltre un'amicizia."
Andrea: "E dopo chi lo coccola il seno più bello del mondo?"
Charles: "Non ci provare, e poi non ti mancano pretendenti"
Andrea: "Dai sto scherzando. Anche se comunque nessuno fino ad ora mi ha dato quello che cercavo sessualmente parlando"
Charles: "Dimostrami che sei cambiata e fallo per te e non per me. Vivendo come facevi tu non puoi fare altro che trovare uomini che vogliono solo approfittare del tuo corpo e portare via un po' della tua anima. È questo che vuoi?"
Andrea: "Penso tu lo abbia visto che sto cambiando."
Charles: "Dai discorsi che fai non si direbbe e comunque cambiare per poco è semplice, dobbiamo vedere nel lungo periodo come ti comporterai."
Andrea: "Per me va bene. Dammi tempo"
Charles: "Dai che si è fatto tardi e alle 16:00 dobbiamo lavorare. Avrai tutto il tempo che vuoi"
Andrea: "Ok, ti accompagno"
Come si poteva dire di no a cotanta beltà. Charly ormai era caduto tra le grinfie di Andrea e non poteva fare altro che sperare lei fosse stata sincera. A dire il vero, per adesso non gli interessava più di tanto. Sapeva solo che prima ci sarebbe andato a letto prima avrebbe capito le sue vere intenzioni e prima si sarebbe finalmente sentito vittima di una mangiatrice di uomini. Sì, era molto romantico ma anche molto passionale e per questo aveva paura. Sapeva di essere bravo a letto e non voleva essere apprezzato per quello ma per altre doti, almeno fino a quando non aveva conosciuto Andrea.

Salirono in auto e lui per prima cosa accese la stufa. Si accorse che tirava aria fredda così la spense subito.
Charles: "Mamma che freddo, ho le mani congelate."
Andrea: "Dai qua!"
Prese la sua mano sinistra e la mise tra il sediolino e la sua gamba.
Andrea: "Meglio adesso"
Charles: "Molto meglio"
Andrea: "Guarda che me ne accorgo che mi guardi il seno"
Charles: "Non mi interessa"
Andrea: "Ah no?"
Charles: "Ormai lo sai, non ho più bisogno di nascondermi"
Andrea: "sì ma tu sei puro e casto"
Charles: "Sono semplicemente una persona che pensa prima all'amore e poi ad altro. Tutti hanno i propri istinti e questo non significa che debbano cedere alla prima occasione. Anche perché, secondo me se fai l'amore con tante persone poi non riesci più a coglierne il senso e la bellezza e non ti innamori più di nessuno, ti abitui a cambiare e vuoi sempre farlo anche quando poi ti sarai legata a qualcuno che veramente vuole renderti felice, e non farai altro che ucciderlo. Mi posso sbagliare ma sono di questo avviso"
Andrea: "Forse hai ragione"
Charles: "Non lo so ma ho sempre agito così…"
Fecero un giro un po' più lungo di quello dell'andata perché Andrea voleva stare un altro po' in compagnia di Charly. Lui se ne accorse ma non disse nulla visto che la cosa gli fece molto piacere. Arrivati fuori casa di lui…
Andrea: "Come sei stato?"
Charles: "Bene, mi ha fatto piacere conoscerti e parlare con te. Anche se ancora non mi fido ah ah ah"
Andrea: "Smettila Charly, per favore smettila!"
Charles: "Ho paura di te!"

Andrea: "Ti prego fidati di me, non ti farei mai del male, voglio renderti felice!"

Charles: "Va bene. Ti va di scendere? Magari mangiamo qualcosa insieme e poi andiamo a lavoro."

Andrea: "Cos... certo che mi va"

Charles: "Da come lo dici sembra tu non voglia ah ah ah"

Andrea: "No, è che non me lo aspettavo proprio"

Scesero dalla macchina ed entrarono in casa, Charly aveva già sistemato tutto la sera prima perché sapeva che se fosse andato tutto bene l'avrebbe invitata a salire, come sapeva quello che di lì a poco sarebbe successo tra di loro.

Capitolo 8

Amare è dare senza pretendere di avere

Alcune persone pensano che l'amore sia uno scambio di interessi:
Mi piace come fai sesso = Ti amo, mi sento solo e tu sei bella = Ti amo, sei la ragazza più bella con cui sono stato a letto = Ti amo.
Non è così.
L'amore è dare senza pretendere di avere! Un po' come quando ti piace una ragazza che nemmeno ti calcola e tu fai di tutto per farla sorridere. Sai che da lei non potrai mai avere nulla ma in un certo senso la ami e allora cerchi di renderla felice nonostante tu, in quel momento, non lo sia. L'amore non è uno stato patrimoniale dove alla fine il dare deve combaciare con l'avere. È un mastrino che funziona solo in dare e chi ha studiato Economia Aziendale come me e ne ha scritti di mastrini sa quello che voglio dire.
Se dovessi scrivere l'equazione dell'amore scriverei: Amore = Dare - Avere. E se mi chiedessero dove passa la retta di questa equazione di sicuro risponderei: per due cuori spezzati. La vita è questa e se tutti amassimo senza volere nulla in cambio, forse sarebbe molto migliore.

Andrea: "Che bella casa, e che ordine!"
Charles: "Si fa quel che si può"
Andrea: "Cosa mangiamo?"
Charles: "Non so cosa ci sia in casa in verità. Adesso controllo"
Andrea: "Per me va bene tutto basta che sto con te"

Charles: "Che dolce che sei!"
Quelle parole gli arrivarono dritte al cuore, furono per lui come un fendente netto e preciso, sferrato alle sue paure . Erano parole che non vengono dette se non con alla base un sentimento e forse Andrea aveva iniziato a provare seriamente un qualcosa nei suoi confronti. Aveva il frigo aperto, lo chiuse e si avvicinò a lei
Charles: "Sei seria?"
Andrea: "Charly non è che io mi metto a perdere tempo passando la mattinata e poi andando a pranzo da uno che non mi piace"
Non ce la faceva più ad aspettare, la voleva baciare e voleva andare oltre ma se poi si fosse innamorato e se lei avesse solo finto? Non poteva soffrire di nuovo, non voleva ritornare a rinnegare la vita, aveva paura e lei gli piaceva; non sapeva cosa fare.
Ci pensò il fato a venirgli in soccorso. All'improvviso sentì bussare, era Jodie.
Jodie: "Fratelloneee"
Charles: "Hei, come va?"
Lei subito buttò lo sguardo in casa e vide Andrea
Jodie: "E questa bellissima ragazza?"
Charly nemmeno ebbe il tempo di ribattere
Andrea: "Sono la sua fidanzata!"
Jodie: "Cooosa? Ti fidanzi e non me lo dici?!?"
Charles: "Scherza, ci stiamo conoscendo. Cioè... in verità... abbiamo cominciato stamattina la nostra conoscenza ah ah ah"
Andrea: "Charly dici a questa ragazza che sono la tua fidanzata, adesso!"
In quel momento si ritrovò in una situazione pessima. Andrea aveva subito mostrato la sua gelosia e questo un po' gli faceva piacere perché significava che forse ci teneva davvero, ma non

voleva si creasse un brutto rapporto tra di loro e quindi cercò di calmare le acque presentandole.

Charles: "Lei è Andrea, una mia collega, mia futura fidanzata. Lei è Jodie, una mia carissima amica"

Jodie si avvicinò al suo orecchio e con molta nonchalance gli sussurrò:

Jodie: "Ha la faccia da zoccola!"

Charles: "Smettila, stai sempre a giudicare!"

Jodie: "Non fa per te Charly" Aggiunse sotto voce. Lui accennò un colpo di tosse per paura che Andrea sentisse e fece cenno di sì con la testa come a dire a Jodie: 'Ok, messaggio ricevuto.'

Jodie: "Io adesso vado, ero passata solo per salutare"

Gli diede un bacio sulla guancia e scappò senza nemmeno salutare Andrea. In realtà, vista la reminiscenza del bacio tra lui e Jodie, Charly aveva paura che lei potesse essere gelosa ed assolutamente non voleva questo, anzi tutto avrebbe voluto tranne vederla soffrire per colpa sua. Così decise che poi le avrebbe parlato.

Andrea: "Che educata la tua amica!"

Charles: "Dai… è così, non farci caso."

Andrea: "Non mi piace per nulla, ecco."

Charles: "Non ci pensare"

Andrea: "Cosa ti ha detto nell'orecchio?"

Charles: "Nulla di che…"

Andrea: "Sicuro?"

Charles: "Certo!"

Andrea: "Menomale. Pensavo avesse parlato male di me. Ci ho messo tutto questo tempo per stare un po' da sola con te e non voglio che altri si mettano tra di noi"

Charles: "Non ti preoccupare, nessuno si metterà in mezzo"

Una cosa che amava di lei era la sua ingenuità, oltre che la sua dolcezza ed il suo essere stupendamente bella. Charly poteva anche dire che gli asini volano e lei se lo sarebbe bevuto e per questo stava maturando un forte senso di protezione nei suoi confronti.

Dopo questo bellissimo siparietto si prepararono per mangiare. Charly aveva dei panini, del tonno e dei pomodori e decisero di arrangiarsi per non uscire di nuovo.

Mentre stavano mangiando, lei all'improvviso lo guardò dritto negli occhi e gli disse:

Andrea: "Ti posso confessare una cosa?"

Charles: "Dimmi"

Andrea: "Non vedo l'ora di sentirti dentro di me!"

Charly stava quasi per strozzarsi al sentire di quelle parole

Charles: "Così me lo dici?"

Andrea: "Non lo so, non ho mai provato questa sensazione, se solo sento la tua voce già mi eccito!"

Charles: "Ok... calmati Andrea, te lo chiedo per favore"

Nemmeno finì di parlare che lei sbottonò i primi 3 bottoni della camicetta lasciando intravedere i suoi seni. Sapeva che a lui piacevano tanto quindi decise di dare un segnale preciso al suo cervello. Sapeva bene come far cadere gli uomini e in quel momento stava per far cadere anche Charly

Andrea: "Avvicinati a me, non ti mangio mica."

Charles: "Andrea per favore..."

Andrea: "Ti prego toccami, ti prego!"

A quel punto Charly si accorse del fatto che forse farla entrare in casa, non era stata poi una buona idea o forse sì, nemmeno lui sapeva. Ormai non poteva più tirarsi indietro, così le finì di sbottonare la camicetta, le carezzò il viso, la baciò e cominciò a toccarle i seni. Lei ansimava mentre gli mordeva forte il labbro inferiore e continuava a chiedergli sempre la stessa cosa

Andrea: "Ti prego entra, ti prego entra dentro di me"

Erano le uniche parole che riusciva a dire tra un sospiro di piacere e l'altro. Dalla tavola si trasferirono al letto e lui le levò prima il pantalone e poi le mutandine. Si infilò tra le sue gambe mentre lei sorridente continuava a gemere. Appena la penetrò strinse forte le sue mani attorno ai suoi avambracci come a dire: "Ti ho sentito!" La guardò in viso e vide in lei uno sguardo felice. 'Possibile si accontenti di così poco' Pensava mentre continuava a penetrarla. Infatti non era così. Iniziò a baciarlo e quando meno se lo aspettava guardandolo negli occhi gli disse: "Mi abbracci?" Senza risponderle lo fece. Mentre lo facevano Charly le inondava l'anima di baci e carezze: Sulla spalla, sul collo, sulla schiena... ne era già perdutamente innamorato. Dopo non poco tempo finirono e lui si alzò per vestirsi.

Andrea: "Cosa fai? Vieni un po' qua vicino a me!"

Charles: "Mi vesto ed arrivo"

Andrea: "No, nudo."

Charles: "Ma faccio schifo nudo."

Andrea: "Uffaaa, vieni!"

Decise di accontentarla. Si poggiò al suo fianco sul letto, lei poggiò il suo capo sul suo petto e si addormentò, come in passato aveva fatto Clara. In quel momento però non pensava a lei ma ad Andrea. Aveva delle ciglia bellissime, un naso fine e degli zigomi perfetti. 'Veramente sei stata con me?' pensava mentre la sentiva respirare lentamente.

Continuava ad accarezzarla perché il cuore così gli diceva di fare. Andrea era riuscita in poco più di un giorno a far innamorare Charly. Oddio non è che ci volesse poi tanto visto che lui era un sognatore ed aveva l'innamoramento facile e per questo cercava sempre di evitare contatti con le ragazze. Non ci voleva tanto ma forse nemmeno poco in quel momento delicato della sua vita e lei si era pian piano fatta spazio nel suo cuore usando solo la sua dolcezza ed essendo sé stessa nonostante tutto.

All'improvviso si svegliò

Andrea: "Che ore sono?"
Charles: "Le 15:30"
Andrea: "Ok, svegliami tra 10 minuti"
Charles: "Cosa ti cambiano altri 10 minuti? Ah ah ah"
Andrea: "Uffa come sei pesante, svegliami tra 10 minuti!"
Charles: "Va bene capo!"
Così fece. Dopo 10 minuti esatti le diede un bacio sulla fronte
Charles: "Tesoro sveglia"
Lei aprì gli occhi
Andrea: "Non voglio andare a lavoro!"
Charles: "A chi lo dici, purtroppo io potrei pure non andarci ma
tu sei l'unica sommelier ah ah ah"
Insieme si alzarono dal letto e fecero una doccia veloce a turno,
poi scesero. Mentre si recavano a piedi verso il locale dove
lavoravano lei cominciò a dargli dimostrazioni di affetto:
abbracci, baci, sorrisi. Lui non ci credeva più di tanto e
continuava ad aver paura. Fatto sta che pian piano, gli stava
entrando dentro. Arrivati sul posto di lavoro si cambiarono ed
iniziarono la loro giornata lavorativa che si prolungò fino
all'una di notte. Lei continuava a comportarsi come fosse
cambiata e Charly iniziò a pensare che forse veramente si
stesse innamorando di lui. Ne doveva parlare con Jodie ed
Emanuele e vedere loro cosa pensassero di tutto ciò. Anche
perché con Jodie aveva delle cose da chiarire. Uscirono dal
locale e si salutarono. Lui, sempre molto composto cercava di
non dare nell'occhio mentre lei, stravagante e dolce, non faceva
altro che abbracciarlo e riempirlo di baci.
Andrea: "Ci sentiamo?"
Charles: "Certo che ci sentiamo"
Tornò a casa stremato e si mise subito a letto dopo aver fatto
un'altra doccia, prese il cellulare e lesse un suo messaggio.
"Farlo con te è stato bellissimo: mi hai arricchita con
sensazioni mai provate e mi sono sentita amata, forse per la

prima volta nella mia vita. Lo fai in modo molto diverso rispetto agli altri e ci metti sentimento, anche se comunque ci dai dentro ah ah ah. Mi hai fatta un po' male ma lo stesso non voglio perderti, buonanotte"
"Buonanotte a te"

Capitolo 9

A me piacciono le cose estreme e tu sei estremamente bella.

Vuoi sapere perché ho scelto te? Perché non riesco a mandarti via?
A me piacciono le cose estreme.
Mi piace quando mi baci in modo così passionale ed eccitandoti ansimi, mi piace quando mi mordi il labbro e non ti fermi fino a quando non emetto suoni di piacere. A volte stai quasi per staccarmelo ma mi piace.
Amo quando per strada all'improvviso ti fermi, mi abbracci e mi baci ed io ti dico: "Hei basta, non vedi che c'è gente?" Tu mi chiedi scusa ma dopo 10 metri come se nulla avessi detto ricominci.
Mi piace vederti seduta davanti a me con quei capelli neri e quegli occhi dello stesso colore del cielo che mi fissano e hanno la dolcezza del miele e che nascondono qualcosa di molto più irresistibile.
Mi piaci quando sorridi esasperata dalle mie battute e dai miei modi di fare.
Mi piaci quando mi dici "ho il desiderio di dormire insieme a te" oppure quando io ti chiedo "dove andiamo?" e tu rispondi "dove vuoi basta che sto con te".
E poi, beh... poi mi piaci in tutto e lo sai. Te l'ho detto, a me piacciono le cose estreme e tu sei estremamente bella.

Il mattino seguente si svegliò un po' frastornato e pieno di pensieri riguardanti il giorno prima, forse aveva sbagliato facendolo con Andrea. In ogni caso pensava sarebbe stato meglio informare i suoi due migliori amici e quindi così fece. inviò lo stesso messaggio ad entrambi, ed entrambi si presentarono a casa sua verso le 11:00. Nel frattempo si stava sentendo con Andrea tramite messaggi.

Charles: "Entrate ragazzi, ho bisogno di parlarvi"

Jodie "Si tratta di quella vero? Mi pare di essermi già espressa"

Emanuele: "Di cosa parlate?"

Jodie: "Di una zoccola!"

Charles: "Jodie la smetti? Manco la conosci!"

Jodie: "Per questo te ne sei invaghito. Se l'avessi conosciuta veramente, fidati non lo avresti fatto!

Charles: "Perché ti sta così antipatica?"

Jodie: "Fai quello che meglio credi Charly, a me non piace!"

Charles: "Sì ma non chiamarla in quel modo che mi da fastidio!"

Jodie: "Già ti sei innamorato... come fai ad essere così fesso Charly? Dopo tutto quello che hai passato con Clara poi..."

Emanuele: "Almeno è bona?"

Jodie: "Manu sta zitto almeno tu!"

Emanuele: "Ok scusate, il mio ruolo qui?"

Jodie: "Quello di darmi ragione!"

Emanuele: "Hai il ciclo per caso?"

Jodie: "Manu sta zitto, stai solo peggiorando le cose!"

Emanuele: "Ok, Charly Jodie ha ragione e non si discute!"

Charles: "Non mi sono innamorato ma mi piace molto e smettila di giudicarmi, quando ti innamorasti di quel ragazzo australiano non è che ho fatto tutti questi casini con te. E sapevi benissimo sarebbe ripartito!"

Emanuele: "Australiano? Continuo a non capire"

Jodie: "Proprio perché non voglio tu abbia la mia stessa esperienza ti dico...Quella ce l'ha scritto in faccia che ti vuole solo per scopare Charly, a cosa credi agli asini che volano?"

Charles: "Anche quello ce l'aveva scritto in faccia ma ci sei andata comunque a letto o sbaglio?"
Emanuele: "Beato lui…"
Jodie: "Ma che stronzo!"
Charles: "Le persone cambiano Jodie e lei per me è cambiata!"
Jodie: "ah ah ah perché tu sei il principe azzurro? O perché non hai un soldo bucato?"
Charles: "Jodie oggi non ti sopporto, sembra quasi tu sia gelosa di me!"
Jodie: "Non mi sopporti perché dentro te sai che ho ragione Charly"
Charles: "Emanuele tu cosa ne pensi?"
Emanuele: "Posso vederla?
Charly prese il cellulare e gli feci vedere qualche sua foto
Emanuele: "Che dire… è proprio bona, ha un seno spettacolare"
Jodie: "Ma guarda quest'altro maiale, il suo amico è in pericolo e lui pensa al seno"
Emanuele: "Dico la verità, sei gelosa del suo seno?"
Jodie: "Vaffanculo Manu!"
Emanuele: "Dai scherzo tesoro…"
Jodie: "Tesoro un corto! Prima dice beato lui e poi guarda il seno di quella. Questo maiale!"
Emanuele: "Ok, Charly penso che Jodie sia gelosa di lei!"
Jodie: "Mamma che nervoso grrr"
Emanuele: "Dai… scherzo. Comunque io ti direi di provarci Charly, le donne quando si innamorano non tradiscono e se si innamorano davvero non ti lasciano più"
Jodie: "Siete solo due allupati e basta, spero che andandoci a letto più volte capisca la differenza tra lei e Clara che per carità avrà sbagliato ma non aveva quel viso da mangiatrice di uomini"
Charles: "Tu nemmeno la conosci Jodie!"

61

Jodie: "Avete mai sentito parlare di sesto senso femminile? Mi è bastato guardarla per capire fin dove è capace di arrivare. Lei ti farà tanto male Charly fidati di me. Non lo dico per gelosia o presunzione ma perché ti voglio bene e non voglio stia di nuovo male come con Clara o peggio. Per favore dille che non vuoi più vederla prima che ci fai sesso e ci resti secco"

Charles: "Penso sia troppo tardi"

Jodie: "Vedi che è una... mmm... meglio che me ne vada altrimenti ti sfascio la casa!"

Prese di fretta le sue cose ed andò via senza nemmeno salutare Emanuele la guardava sconvolto, non l'aveva mai vista così ed in verità nemmeno Charly, nonostante sapesse quanto fosse pazza.

Emanuele: "Charly io penso che questa ragazza sia bellissima ma che come ha detto Jodie possa farti molto male. Vedi il fatto che sia così bella comporta che tanti uomini si possano avvicinare a lei con i più svariati intenti e se lei è stata in passato una facile diciamo, non penso possa cambiare a meno che tu la faccia innamorare al punto che possa guardare solo te. E sai bene che non sei Brad Pitt né Einstein. Sono sincero"

Charles: "Grazie dei complimenti amico mio"

Emanuele: "Scusa ma nemmeno io voglio vederti di nuovo a letto senza forze, forse ha ragione Jodie"

Charles: "Forse avete ragione, vedrò come fare e la allontanerò da me."

Emanuele: "Fai bene Charly, adesso devo scappare, vieni qui fatti abbracciare"

Gli diede una pacca sulla spalla ed andò via.

Charly si fermò da solo a ragionare, soprattutto sulle ultime parole di Emanuele. Erano, per lui come un presagio poiché gli riportarono alla mente tutte le volte in cui a lavoro i ragazzi si rivolgevano a lei con fare infastidente. Come stessero parlando non ad una persona ma ad una cosa da possedere solo per qualche momento e capì di essersi messo in una situazione non molto invidiabile se si levava per un attimo di mezzo il sesso. Lei era bellissima, a letto ci sapeva fare, aveva gli occhi azzurri e quando la guardava non vedeva altro che l'immensità che c'era dietro il suo sguardo e si perdeva nella dolcezza dei suoi occhi pieni d'amore. Un lato di lui diceva provaci ma un altro aveva paura di essere preso in giro, e diciamo che con Andrea la percentuale di questa evenienza era molto più alta rispetto a Clara. Quest'ultima però se messa a paragone con Andrea non gli aveva dato poi tanto sotto il profilo sentimentale, era dolce sì, ma non quanto lei e poi non si era mai data in toto, Charly la sentiva sempre un po' distante. Ovviamente si accorse di ciò solo stando con Andrea. Decise di metterla alla prova e di chiederle cosa provava per lui e così fece. Il pomeriggio appena entrato a lavoro la aspettò fuori allo spogliatoio femminile per prenderla di sorpresa.

Andrea: "Cosa ci fai qua?"

Charles: "Cosa vuoi da me Andrea, cosa provi per me?"

Andrea: "Hei calmati, non so cosa provo ma mi piace tanto stare con te"

Charles: "Mi farai mai del male?"

Andrea: "Calmati Charly, in fondo tra noi non c'è stato poi chissà che cosa, siamo solo andati a letto e ci siamo trovati bene"

Charles: "Per me ieri non è stato solo sesso e non so per te cosa sia stato..."

Andrea: "Nemmeno per me è stato solo quello ma non posso dirti se mi sto innamorando di te perché prima non mi sono mai innamorata"

Charles: "L'importante è che per te non sia stato solo quello altrimenti chiudiamo tutto qua!"

Andrea: "Charly non è stato solo quello! Credimi per favore"

Charles: "Ti credo"

La prese tra le braccia e le diedi un bacio mentre da lontano sentì la voce del titolare urlare: "Siamo qui per lavorare e non per fare l'amore". Charly si girò verso di lui e lo vide sorridere, era felice per lui, anche lui sorrise ed iniziò il turno di lavoro, sempre guardando attentamente i gesti di Andrea ed i suoi comportamenti verso i clienti. Sembrava tutto ok quindi le tolse lo sguardo di dosso e decise di fidarsi di lei, andando contro i suoi due migliori amici e pensando a come fare per dirglielo. Mentre prestava il suo servizio si accorse di un gruppo di ragazzi che appena entrati si recarono subito vicino a lei che appena vide uno di loro gli saltò addosso e lo abbracciò forte, all'improvviso tutto il sangue presente nel suo corpo confluì al cervello, era geloso e non sapeva chi fosse costui e chi fossero tutti loro. Appena potette non ci pensò due volte a dare dimostrazione ad Andrea del suo brutto carattere.

Charles: "Chi è quello?"
Andrea: "Quello chi?"
Charles: "Quello che hai abbracciato"
Andrea: "Ah…Giorgio, un amico"
Charles: "E tu ai tuoi amici gli salti addosso e li riempi di attenzioni?"
Andrea: "Dai… sei geloso?"
Charles: "Mi ha dato fastidio questa cosa Andrea!"
Andrea: "Tesoro scusami, non pensavo potesse darti fastidio"
Charles: "Se lo avessi fatto io?"
Andrea: "Hai ragione, forse ho esagerato."
Charles: "Levaci il forse!"
Charly non sapeva nulla di quel ragazzo né dei suoi amici e non poteva sapere lei ci fosse stata a letto qualche settimana prima. Sentiva però un qualcosa dentro che non andava, si sentiva nervoso e come se lo stessero prendendo in giro; non capiva il perché. 'Forse quel ragazzo era qualcuno con cui è stata lei in passato?' pensava, ma alla fine cosa gli importava, stava bene

quando era con lei, dopo tanto tempo, e non voleva intralci. Sentiva dentro però un bisogno di verità, anche se non le disse nulla e continuò la sua serata lavorativa passando sopra quella sensazione. Finirono di lavorare e come nulla fosse successo tornarono ognuno a casa propria.

Il giorno dopo visto che erano liberi, decisero di vedersi e passare una mezza giornata insieme per conoscersi un po' meglio visto che oltre al sesso si erano detti veramente poco. Lei sapeva fosse laureato in cerca di occupazione e lui che lei fosse Russa, da poco in Italia per un Erasmus, poiché appassionata della lingua e della enologia. Non a caso aveva scelto di lavorare coi vini piuttosto che coi piatti come faceva lui. La passò a prendere verso le 17:00 visto che entrambi in mattinata avevano da fare. Decisero di andare a prendere un caffè. Era una bella giornata e lei si presentò con degli occhiali polarizzati. Il sole rifletteva su di essi ma l'unica cosa che Charly riusciva a notare era la particolare conformazione delle sue labbra, carnose e morbidissime. Tenendo sempre d'occhio i particolari iniziò a rendersi conto che per lei, anche se si conoscevano da poco, stava iniziando a fare cose che per Clara o per altre ragazze con cui si era frequentato in passato non aveva mai fatto; segnale scaturente di questo pensiero fu la cura dei dettagli. Infatti pianificò nei giorni precedenti tutto quello che avrebbero dovuto fare, affinché potesse divenire per lei una giornata indimenticabile. A Charly mancava solo quel lasso di tempo che iniziava dal caffè e sfociava nella parte più romantica che sarebbe arrivata al tramonto. Quindi, doveva intrattenerla in qualche modo fino alle 19:30. Appena seduti al bar:

Andrea: "Parlami dei tuoi sogni Charly"

Charles: "Beh… che dire. Ho sogni molto difficili da realizzare."

Andrea: "Parlamene!"
Charles: "Vorrei fare lo scrittore o il Broker finanziario o magari entrambi i mestieri"
Andrea: "Ah... lavori molto facili ah ah ah"
Charles: "Ecco...Invece i tuoi?"
Andrea: "Beh... io sono una donna Alpha, una a cui non piace farsi imporre le cose e che vuole una sua stabilità economica. Vorrei realizzarmi nella vita, prima nel lavoro e poi nella famiglia. Sogno un marito che mi sopporti e che mi dia dei bambini e sogno un matrimonio coi fiocchi anche se fino ad ora non mi sono mai innamorata e se magari iniziavo a provare un qualcosa scappavo."
Charles: "Come mai? Forse hai frequentato ragazzi sbagliati fino ad ora?!?"
Andrea: "Non so..."
Charles: "Beh... io so cucinare, fare le faccende di casa, mettere in ordine, anche se sono un uomo ah ah ah. Cosa pensi di me?"
Andrea: "Ti stai candidando per essere l'uomo della mia vita?"
Charles: "Naaa... illusa!"
In realtà era già innamoratissimo. Come già accennato, aveva l'innamoramento facile, si conosceva e sapeva riconoscere i primi segnali della caduta. Non era un uomo come gli altri, solitamente agiva in modo molto diverso. Clara gli ripeteva sempre che era un uomo con il cuore e la sensibilità di una donna e forse per questo riusciva sempre ad emozionare le persone. Aveva paura, però, che se glielo avesse detto lei sarebbe scappata. Quindi fingeva di essere solo attratto fisicamente da lei.
Charles: "Ti va una partita a Bowling?" non sapeva perché lo avesse detto, forse aveva visto per strada in modo distratto un cartellone pubblicitario o magari aveva sentito qualcuno parlarne senza accorgersene, fatto stava che istintivamente

aveva trovato la soluzione a due problemi: cosa fare fino alle 19:30 ed uscire da una situazione in cui sicuramente avrebbe confessato i suoi sentimenti.

Andrea: "Certo che mi va ma sappi che sono una schiappa!"

Charles: "Siamo in due allora ah ah ah"

Salirono in macchina e nel tragitto che li portava alla sala di Bowling più vicina continuarono a parlare, mentre Andrea gli prese la mano.

Charles: "Oggi sei bellissima!"

Andrea: "Dai che mi metti in imbarazzo!"

Charles: "Ma è vero!"

Andrea: "Sì ma me lo dici sempre, non sono così bella, esageri ah ah ah"

Charles: "Se tu sei così bella ed io te lo dico ogni volta in cui ti vedo non è perché sono io ad essere esagerato, sei tu ad essere esageratamente bella!"

Arrivati alla sala da bowling, Charly non sapeva nemmeno quanto tempo ci volesse per una partita, o meglio non lo ricordava. Una volta entrati, tra battute sul cambio di scarpe e sorrisi iniziarono la partita. Andrea aveva detto di essere una schiappa ma Charly non pensava fino a quel punto. In tutta la partita era riuscita a tirare giù solo 3 birilli e lo faceva morire dal ridere. mentre lei si innervosiva e sbuffando diceva che le palle erano troppo pesanti lui la guardava e si innamorava.

Aveva preparato tutto per renderla felice e spensierata, e per farla innamorare di lui pian piano ma in fondo era lui che più ci stava a contatto più sentiva il bisogno di amarla. Alla fine erano stremati e sudati e la accompagnò a casa per una doccia al volo. Alle 19:30 la passò a prendere.

Charles: "Puoi chiudere gli occhi?"

Andrea: "Sì ma non mi stuprare"

Charles: "Quella paura la dovrei avere io!"

Arrivati si trovarono davanti un enorme parcheggio auto, non era mai stato lì anche se molti gliene avevano parlato bene. Cercò di avvicinarsi il più possibile alla meta anche perché sapeva sarebbe stato difficile tenere Andrea e farla camminare ad occhi chiusi appena avesse sentito i rumori dell'atmosfera.

Andrea: "Dove mi porti?"

Charles: "Shhh... scendi. Fai piano e non aprire gli occhi."

Andrea: "Non vorrei cadere o sbattere."

Charles: "Ti tengo io, fidati di me, non li aprire"

Posò le sue mani sulle orecchie di lei mentre sentiva sul viso un venticello quasi primaverile. Pensò fosse ottimo come contorno per l'atmosfera che stava per creare. A poco valsero i suoi tentativi di nascondere i rumori circostanti.

Andrea: "Oddio sento il rumore... non mi sto impressionando vero?"

Charles: "Non aprire ancora gli occhi"

Andrea: "No, non mi sono impressionata, sento il profumo del mare"

Non poteva sapere fossero circondati da persone. Charly non faceva altro che ripeterle di fare silenzio ma lei continuava ad urlare, a dimenarsi e a sorridere.

Si recò al lido di un ragazzo conosciuto all'università, dove sapeva facessero serate ed aperitivi, voleva fare veramente colpo su Andrea. C'erano dei tavolini con le sedie al bar e la possibilità di stare un po' appartati sulla spiaggia, dove anche se faceva freddino c'erano lettini con materassini bianchi con dei tavolini privè illuminati da candele profumate. Aveva preparato tutto nei minimi dettagli e sperava lei apprezzasse. Le fece togliere le scarpe e la fece camminare a piedi nudi nella sabbia, mentre era ancora bendata. Poi la fece sedere su un lettino e le disse di aprire gli occhi. Si trovò davanti un tramonto primaverile, ricco di colori ed ombre fioche mentre il mare era

blu cobalto, ed il cielo un misto di colori violacei . Le tre cose
più belle che avesse mai visto.
Andrea: "Sei pazzo. Non ci credo, lo hai fatto per me?!?"
Charles: "E per chi sennò!"
Andrea: "Oddio Top!...Top!"
Non faceva altro che pronunciare la parola Top e stritolare
Charly tra le sue braccia mentre lo riempiva di baci ed
attenzioni. Ormai Charly aveva bisogno di lei e se ne stava
rendendo conto sempre di più. Anche lei sembrava aver
bisogno di lui, ma non se ne rendeva ancora conto. Presero un
cocktail e mentre lo stavamo consumando si presentò davanti a
loro il proprietario del lido nonché amico di Charly.
Alfonso: "Charly ti posso parlare un attimo?"
Charles: "Certo dimmi" gli disse avvicinandosi a lui
Alfonso: "Come hai fatto a conquistare una ragazza così
bella?"
Charles: "Non chiedermelo, mi ha fatto la corte per un mese e
non so il perché"
Alfonso: "L'importante è che tu sia felice, stacci attento ma
goditi il momento"
Charles: "Grazie, è quello che farò!"
Alfonso: "Comunque sia, ti consiglio di restare fino a stanotte.
Oggi è Giovedì e la gente verso le 20:30 torna a casa. Potreste
avere tutta la spiaggia per voi. Noi per le 20:45 andiamo via. Se
vuoi ti lascio le chiavi e poi me le riporti domani
tranquillamente."
Charles: "Sul serio?"
Alfonso: "Certo!"
Charles: "Grazie mille, sei un grande!"
Alfonso: "Non ringraziarmi, te lo devo per tutte le volte che mi
hai spiegato Statistica"
Gli porse le chiavi, fece un sorriso ad Andrea e si allontanò.
Andrea: "Chi era?"

Charles: "Un vecchio amico dell'università. Ha saputo fossi qua ed è venuto a salutarmi."
Disse nascondendo le chiavi nella manica della felpa. Non voleva sapesse cosa le stava per accadere.
Andrea: "Capito. Comunque stare qua è bellissimo e molto rilassante!"
Charles: "è Top?"
Andrea: "Toppissimo ah ah ah"
Lei era felice e lui era felice, cosa potevano desiderare di più.

Capitolo 10

Mi guardasti come per dirmi: "Ti sto aspettando!"

Eravamo li, io e te, soli. Mi guardasti come per dirmi: "ti sto aspettando!" Io ti guardai dritto negli occhi e delicatamente appoggiai prima le mie mani sulle tue ginocchia, poi le mie labbra sulle tue.
Eravamo li, io e te, soli tra migliaia di persone. Io guardavo solo te e tu guardavi solo me.
L'amore fa così, ti libera da tutto ciò che è superfluo, ti fa' capire che non hai bisogno di nient'altro se non di una persona che ti ama.

Tra un drink e l'altro il tempo era volato ed erano arrivate le 20:40. Pian piano tutti erano andati via e loro due si erano sdraiati su un unico lettino per stare più vicini. Lei, presa dall'alcool si era addormentata tra le sue braccia, con le onde del mare che le coccolavano la mente.
Alfonso l'amico di charly, fece cenno da lontano che stava andando via e lui per non svegliare Andrea nemmeno si mosse; fece solo un sorriso, sapeva avrebbe capito. Poi si addormentò con lei. si svegliò però subito e la vide ancora dormire. Aveva voglia di lei, non voleva svegliarla ma per forza di cose doveva.
Charles: "Tesoro sveglia, ti devo chiedere una cosa?"
Andrea: "Dimmi"
Charles: "Lo hai mai fatto appena sveglia?"
Andrea: "No"
Charles: "E in riva al mare?"

Andrea "No, ma cos'hai in testa c'è gente!"
Charles: "Sono tutti andati via!" Le disse portando la mano nella sua camicetta e le sue labbra sul suo collo
Andrea: "Sai che se ci prendono ci arrestano?"
Charles: "Shhh… fai fare a me"
Iniziò a baciarla in modo passionale, era la prima volta in cui quando baciava una ragazza gli si rallentava il respiro, gli piaceva tanto, troppo. Lei non ci capiva nulla, era quasi addormentata e la cosa a lui piaceva, e in men che non si dica si ritrovò dentro di lei. Mentre la penetrava e guardava il suo viso gemere illuminato dalle candele profumate pensava a come dirle che l'amava alla follia, che determinate cose non le aveva mai fatte per nessuna e che l'avrebbe voluta al suo fianco per sempre. Tutto si tramutò in sole due parole.
Charles: "Ti Amo!"
Andrea: "Cosa???"
Charles: "Scusami ero preso dal momento"
Andrea: "Ripeti Charly!"
Charles. "No dai…"
Andrea: "Ripeti!"
Charles: "Ho detto che ti amo!"
Andrea: "Oddio, sei pazzo!"
Charles: "Sì, sono pazzo di te!"
Ormai non gli importava più nulla di nascondersi, ormai glielo aveva detto.
Andrea: "Nemmeno mi conosci, non conosci il mio passato…"
Charles: "Non mi interessa nulla!"
Andrea: "Ok, calmiamoci va bene."
Charles: "Va bene!"
Andrea: "Cioè hai detto che mi ami vero?"
Charles: "Sì!"
Andrea: "E come puoi amare una come me?"
Charles: "Perché cos'hai che non va?"

All'improvviso Andrea scoppiò a piangere, mentre Charly era ancora dentro di lei. Stava per mettersi a nudo dinanzi a qualcuno per la prima volta nella sua vita e stava per dirgli cose che a nessuno aveva mai detto. Charly non poteva sapere ma avvertiva un qualcosa di strano anche se non faceva altro che ripeterle di calmarsi e di non piangere, mentre lei cercava la forza per riuscire a raccontare la sua vera storia e la sua vera vita tra un singhiozzo e l'altro. Voleva raccontarsi a lui ed a lui soltanto perché sentiva di potersi fidare e di poter parlare ad una persona che forse aveva i suoi tanti difetti ma che mai avrebbe giudicato gli altri. Decise così di calmarsi, prendere un respiro profondo e raccontare di sé fino al momento in cui lo aveva incontrato. Appena provava con voce stridula a dire una parola però, le mancava il fiato e le veniva un senso di soffocamento legato alla paura per una reazione sbagliata di Charly. Lei lo amava e proprio quella sera lo aveva capito per davvero, sapeva che solo con lui il cuore gli era battuto all'impazzata e che solo con lui aveva provato emozioni vere facendo l'amore.

Le bastava solo guardarlo o addirittura pensarlo per sentirsi felice ma aveva paura di fargli del male perché conosceva le sue voglie improvvise di sesso che fino a poco prima non era mai riuscita a frenare e conosceva ormai il carattere di Charly a cui avrebbe voluto fare di tutto tranne che del male. Lui le diceva di non preoccuparsi, di respirare piano e di cercare di riprendersi, poi magari gliene avrebbe parlato ma lei non lo ascoltò e ricominciando a piangere, tutto d'un fiato gli confessò quello che più le premeva sul cuore.

Andrea: "All'età di 15 anni sono stata violentata e dopo un periodo di castità di più o meno un anno ho iniziato ad andare a letto con chiunque me lo chiedesse, solo perché il mio corpo mi faceva schifo ed avevo bisogno del compiacimento degli altri, che ovviamente approfittavano delle mie debolezze. Come facevo anche con te, inviavo foto private, video e facevo videochat con persone che nemmeno conoscevo, mostrandomi nuda solo per ricevere qualche apprezzamento o per avere qualcuno che mi dicesse che ero importante, anche se sapevo lo dicessero solo per portarmi a letto. Sono stata con molte persone, di tutte le età, non mi importava fossero single o meno e non ricordo nemmeno il numero esatto visto che talvolta ero ubriaca e succedeva approfittassero di me, anche se fingevo di essere consenziente ma in realtà non vedevo l'ora finisse, solo per ricevere quelle coccole finali che senza la parte che loro in realtà da me volevano non sarebbero mai arrivate. Poi arrivasti tu, in un giorno come gli altri, dal nulla e mi guardasti come un bambino guarda la sua prima playstation e continui a non fare altro che ripetermi che sono la ragazza più bella che abbia mai visto e mi prepari questa sorpresa che, ti giuro non mi sarei mai aspettata da nessuno in vita mia. Ero rassegnata all'idea di dover rimanere da sola, perché mai nessuno mi avrebbe capita e mi avrebbe potuta far innamorare. Per me eravate tutti uguali, tutti porci che non fanno altro che pensare al sesso. Fidanzati, impegnati, sposati... per me eravate tutti traditori. Poi sei arrivato tu e mi hai detto che da me non volevi quello che fino ad oggi tutti gli altri avevano voluto, tu volevi il mio cuore, volevi curare la mia anima dilaniata. Io adesso, sento che tu sei troppo per me. Sei tutto ciò che ho sempre desiderato, anche se in cuor mio non lo ammettevo. Sei dolce, sei un gentiluomo, e soprattutto sei vero! Io non penso di meritarti Charly, per tutti gli errori che ho fatto e per quelli che farò. Adesso che sai chi sono pensi ancora io sia una persona così bella?"

Charles: "Tutti commettono degli errori ed io non sono nessuno per giudicarti, potresti cambiare per me!"

Andrea: "Sono cambiata per te ma se ad un tratto ritornassi quella che ero ti farei troppo male. Non considererei nemmeno cosa prova il tuo cuore e ti ucciderei con le parole e con le azioni che fino ad oggi ho messo in atto!"

Charles: "Io penso che se una persona ama davvero non riesce a tradire o a fare del male!"

Andrea: "E se ad un tratto mi accorgessi che sei stato solo un gioco come gli altri, come ci staresti tu?"

Charles: "Non potrebbe mai succedere perché io non sono come gli altri!"

Andrea non riusciva proprio a capacitarsi delle risposte datele da Charly. Aveva paura la condannasse per il suo passato o per la paura che gli potesse fare del male ed invece, lui non faceva altro che ripeterle che la voleva amare per davvero e che voleva cambiasse per lui, per regalarle una vita felice e piena di affetto e di amore. Per avere tutto ciò però, lei doveva fare una scelta davvero difficile e cambiare per lui la sua vita in modo drastico. Era vero che fino ad ora aveva vissuto in un determinato modo per la sua brutta esperienza regressa ma era anche vero che in alcuni casi, quando era stata con ragazzi veramente belli non si era pentita poi tanto della cosa. Avrebbe dovuto cambiare tutta sé stessa a partire dal cuore e dall'anima per poi giungere al carattere ed al modo di porsi nei confronti degli sconosciuti. In quell'attimo non ci pensò più di tanto e decise di provare a reprimere questa sua voglia infinita di poligamia per confluire nella voglia di essere posseduta solo da Charly e non solo fisicamente parlando, perché Charly a differenza di tutti riusciva a prenderla oltre che fisicamente, anche mentalmente e sentimentalmente, tutte le volte in cui lo vedeva.

Andrea: "Senti Charly, io ci provo ma non ti prometto nulla!"

Charles: "Sono pronto a correre il rischio!"

Charly, anche se lo nascondeva bene e si sapeva controllare, era una persona molto istintiva e si fidava di quello che il suo sesto senso gli diceva. Sentiva di potersi fidare di lei e di poter contare sulla sua umiltà e poi quando stava con lei non faceva altro che ridere ed essere felice, visto che era davvero pazza. Le piaceva ballare, cosa che lui mai aveva fatto e lo costringeva a farlo anche contro il suo volere. Ormai tutta quella eccitazione era passata da parte di entrambi e decisero di rivestirsi, anche perché avevano freddo.

Andrea: "Mi hai regalato una serata bellissima, le onde, il vento, l'odore del mare, la spiaggia a lume di candela tutta per noi... però manca una piccola cosa ah ah ah"

Chares: "Scordatela!"

Andrea: "Però, per rendermi felice manca una piccola cosa..."

Charles: "Lo sai che sono negato!"

Andrea prese il cellulare e poggiandolo sul tavolino fece partire musica classica.

Se per qualche strano caso le nostre anime si dovessero ritrovare, ti porterei al mare. Perché dopo i tuoi occhi è la cosa più immensa che io abbia mai visto!

Andrea: "Monsieur mi concede questo ballo?"

Charles: "Certo milady, come si fa a dire di no a cotanta bellezza!"

La cosa che più gli piaceva di Andrea era che riusciva a fargli fare cose che mai nella vita si sarebbe sognato di fare per nessuna, a volte anche piccole sciocchezze che mai avrebbe voluto mettere in atto, con lei sembravano le cose più giuste e belle al mondo.

Il corpo di Andrea illuminato dalla luce della Luna era bellissimo e le sue movenze molto sensuali lo riportarono a qualche attimo prima, lo stesso accadde a lei

Andrea:" Monsieur, lo sa che se solo la guardo, un forte brivido mi passa dentro tutto il corpo?"

Charles: "Sta per caso dicendo che vuole essere posseduta?"

Andrea: "Sto dicendo che sto per possederla! Lei è pronto?"
Charles: "Non credo!"
Andrea prese Charly per mano e lo portò sul lettino
Andrea: "Si segga!"
Charles: "Cosa vuole farne di me milady?"
Andrea: "Nulla di che…"
A Charly piaceva questo velo di mistero ed anche l'area da mangiatrice di uomini che lei aveva e così decise di stare al suo gioco non sapendo che facendo così, forse stava per comportarsi come tutti gli altri. Lui la amava e la voleva conoscere per davvero con i suoi pro e contro e quella sera non fece altro, sessualmente parlando, che pensare ai suoi pro. Lei cominciò a respirare in modo sempre più lento e pian piano gli sfilò il pantalone, gli salì addosso e cominciò a farlo suo, senza lasciargli via di scampo. Tutto questo a lui piaceva ma sperava che da quel momento in poi lei lo avrebbe fatto solo con lui.
Una volta finito si rivestirono ed intorno alle 03:00 si misero in cammino verso casa, un bacio ed Andrea salì lasciando sotto casa sua un Charly mai così sessualmente soddisfatto. Entrato in casa infatti, non faceva altro che pensare al suo viso, ai suoi gemiti, al suo sorriso, alla sua voglia di sesso. Era pazzo di lei più di quanto lo fosse mai stato e forse aveva ragione Jodie, le stava dando la possibilità di ucciderlo e sperava tra sé e sé che non lo facesse. Aveva paura ma non poteva non vivere una storia così bella e piena di emozioni positive. Mise il pigiama e si addormentò stremato.
Il mattino seguente o meglio dopo poco più di cinque ore ci pensò Jodie a svegliarlo suonando il campanello.
Charles: "Cosa ci fai qua a quest'ora?"
Jodie: "Parlami di questa Andrea dai…"
Charles: "Cosa ti devo dire?"
Jodie: "La ami?"

77

Charles: "Penso di sì"

Jodie: "Allora fai così: io ci ho pensato molto a quello che ti dissi di lei ed ho capito che non conoscendola non posso giudicarla. Ti chiedo solo di starci attento e di andarci piano. Ricorda che tra poco tornerà in Russia, ecco."

Charles: "Dice che vuole rimanere qua con me!"

Jodie: "Non crederle fino a quando non lo farà sul serio"

Charles: "Vedremo, finirà l'Erasmus tra 4 mesi"

Jodie: "Ok, tu nel frattempo goditi le emozioni ma vacci piano, capito?"

Charles: "io ci vado piano, è lei che ieri sera mi ha distrutto, lo abbiamo fatto per 2 ore!"

Jodie: "Ecco, i dettagli te li puoi tenere per te grazie. Io vado, porco!"

Charles: "Eri venuta solo per dirmi questo?"

Jodie: "Certo, io avendo un lavoro serio alle 9:00 devo stare in ufficio signor Scrittore!"

Charles: "Vattene che sono tornato alle 3:00 e voglio dormire"

Jodie: "Non hai nulla da dirmi a parte il sesso?"

Charles: "Sì, ma adesso ho sonno. Passa dopo pranzo se vuoi, anzi se vuoi fare qualcosa di utile oltre al giudicarmi fai la spesa e mangiamo insieme."

Jodie: "Agli ordini antipatico sergente ah ah ah"

Charles: "Ti voglio bene Jodie, però sono le 8:30 uffa"

Jodie: "Anche io te ne voglio fratello, a dopo!"

Charly chiuse la porta di ingresso e tornò a dormire. Si svegliò verso le 12.00. poco dopo gli arrivò un messaggio di Andrea che gli chiedeva se volesse pranzare con lei. Lui dimenticandosi di Jodie le disse di sì. Se ne ricordò solo quando verso le 13:00 si presentarono entrambe a casa sua. 'E adesso cosa faccio?' pensò appena le vide. Per fortuna subito ebbe il lampo di genio.

Charles: "Bene mie care, visto che comunque siete le due donne più importanti della mia vita, penso sia arrivata l'ora di conoscervi meglio" disse, aspettandosi lamentele da entrambe. Come per incanto, invece, entrambe acconsentirono. Fortunatamente aveva sempre avuto grosse capacità di problem solving ed in quella situazione lo aveva dimostrato a sè stesso ancora una volta. Jodie aveva portato da mangiare mentre Andrea come di consueto, una bottiglia di vino. Siccome voleva realmente si conoscessero si propose per cucinare, lasciando spazio e tempo a loro di parlare, anche perché nessuna delle due era granché in cucina a dire il vero. Le sentiva e cercava di ascoltare ogni singola parola detta da entrambe, mentre si apprestava a preparare la pasta e rimase quasi basito dal loro essere tra di loro amichevoli. Jodie le faceva tantissime domande sulla cultura russa, sul cibo, sul vestiario, sul clima. Andrea sorridendo rispondeva e diceva di voler restare in Italia sia per Charly che per la gastronomia. Erano davvero belle insieme, e lui si sentiva felice per sé e per loro.
Charles: "A tavola bellezze"
Jodie: "Oh no, di già, stavamo parlando!"
Andrea: "A stomaco pieno si parla meglio!"
A dire il vero aveva proprio ragione visto che tutti e tre avevamo una fame da lupi.
Andrea: "Lo sai cos'ha fatto ieri per me il mio tesorino"
Charles: "Non chiamarmi tesorino davanti a Jodie ti prego!"
Jodie: "Racconta daiii"
Andrea: "Mi ha bendata per farmi una sorpresa. Io non sapevo nulla di cosa stesse accadendo. Mi ha portata in spiaggia al tramonto, ci siamo stesi su un materassino a lume di candela e poi la notte, quando tutti sono andati via abbiamo fatto l'amore sotto la luna, avendo come sottofondo il rumore delle onde e come sfondo il cielo stellato.

Charles: "Jodie per favore, te lo chiedo per favore, almeno tu contieniti"
Jodie: "Ma che tenerone, questo cucciolotto... ti ha stupita allora?!?"
Andrea: "Sìì, sono felicissima quando sto con lui, credimi!"
Jodie: "È un tenerone, solo che è molto geloso quindi stai attenta. Potresti ritrovartelo ad urlare solo per una magliettina scollata"
Andrea: "Ho notato credimi"
Jodie: "Ecco!"
Charles: "Ragazze mangiamo che si fredda su" Disse per togliersi di dosso l'attenzione.
Andrea: Questo è un vino la cui uva viene coltivata in terre molto aride proprio per mantenere il sapore meno contaminato possibile" Disse mentre versava un calice a Jodie
Andrea: "Se lo assaggi, ti accorgerai che è molto corposo e che alla fine lascia in bocca un gusto secco, tipico dei vini la cui uva viene coltivata in questo modo"
Jodie la guardava sbalordita, aveva un'ottima padronanza dell'italiano avendolo studiato sin da piccola per via della sua passione e Jodie pensava avesse imparato a parlare così bene in poco più di due mesi. Charly la guardava e gli veniva da ridere, non voleva lo scoprisse e sperava che Andrea facesse colpo su di lei come lo aveva fatto su di lui; a quanto pare ci stava riuscendo alla grande. Terminato il pranzo lui si apprestò ad inserire i piatti nella lavastoviglie, era divertito quasi come stesse inserendo un gettone in un videogame degli anni 90. Le due donzelle invece, si sedettero a parlare sul divano.
Sembrava si conoscessero da anni e Charly non riusciva a spiegarsi questa loro improvvisa voglia di fare amicizia, non se lo sarebbe mai aspettato dopo la loro prima impressione.
Charly si avvicinò ad Andrea e poggiandole le braccia intorno al collo, da dietro le diede un bacio sulla guancia, lei chinò il

capo e chiuse gli occhi come se in quel momento non avesse avuto bisogno di altro. Poi si alzò perché si era fatto tardi e doveva prepararsi per il lavoro.
Andrea: "Io adesso vado Jodie, è stato un piacere conoscerti meglio. Amore mio ci vediamo tra poco?"
Charles :"A dopo tesoro"
Jodie nemmeno le fece chiudere la porta...
Jodie: "è dolcissima!"
Charles "Te lo avevo detto"
Jodie: "Poi ha quei seni... mamma mia, aveva ragione Emanuele!"
Charles: "Jodie, smettila"
Jodie: "Dai lo sai che sono così e poi il mio è solo un complimento"
Charles: "Lo so che è bellissima e dolcissima ma non riesco a fidarmi di lei e non so il perché. È una cosa istintiva, sento come se mi stesse prendendo in giro su qualcosa."
Jodie: "Forse hai solo paura di soffrire"
Charles: "Non lo so, vedremo col tempo:"
Jodie: "Dalle fiducia Charly"
Charles: "Ci sto provando"
Jodie: "Magari rinnega tutto il suo passato e vuole solo te"
Charles: "Lo spero"
Jodie: "Sarà così vedrai"
Charles: "A me non interessa del suo passato ma non voglio si comporti con me come ha fatto con gli altri"
Jodie: "Gli altri non li amava, tu sei il suo primo amore. Quando una donna ama non tradisce"
Charles: "E se mi abbandona?"
Jodie: "Charly smettila e goditi questa storia. Non penso ti abbandoni"
Charles: "Ho paura torni in Russia appena finito l'Erasmus"

Jodie: "Ha detto più volte di voler restare, e poi ci penseremo a tempo debito. Adesso calmati e vai a lavoro"

Charles: "Non le credo. Però va bene, vado a lavoro e non ci penso"

Capitolo 11

La perfezione non esiste ma io l'ho trovata dentro di te!

La perfezione sta nelle imperfezioni: come i tuoi occhi rossi nella foto che sto chiudendo nel cassetto per non pensarti più. La perfezione sta nelle tue mani mai curate, senza smalto e con le unghie limate perché devi suonare il violino. Sta nelle tue occhiaie che tanto odi e copri con un correttore che, a mio avviso nemmeno ti servirebbe. Sta nelle tue orecchie con gli orecchini sempre al lobo e mai pendenti come usano tutte le altre donne.
La perfezione sta nei tuoi capelli mai sciolti se non per brevi periodi, come brevi sono i periodi in cui sei veramente felice. Sta nelle tue gambe che cerchi di curare applicando creme e fanghi ma che alla fine non avrebbero bisogno di nulla. La perfezione sta nei tuoi piedi per i quali ti ho sempre presa in giro anche se mi piacevano tanto. Sta nei tuoi occhi quando guardi un peluche che ti piace e nei tuoi sorrisi quando lo stringi forte a te.
La perfezione sta nelle tue imperfezioni come il tuo essere scorbutica ed acida con tutti tranne che con me. Sta nel tuo fingere di essere forte quando in realtà ti è sempre servito un qualcuno che ti dicesse: "io di te mi fido!" E vorrei questa persona continuassi ad essere io. Sta nel tuo non voler essere mai corretta quando commetti uno sbaglio.
La perfezione era nei tuoi silenzi quando sono stato imperfetto e ci sei passata sopra anche se senza volerlo ti stavo facendo del male e nelle tue lacrime quando mi dicevi che senza di me

non vivevi. Sta nel tuo dirmi di starti lontano mentre cerco in tutti i modi di avvicinarmi a te, anche se faccio piccoli passi. La perfezione sta nelle imperfezioni che credi di avere e nei difetti che amo di te. Sta nelle tue giornate piene di persone che non sono me e nei tuoi sabato sera passati spensierati con gli amici mentre io tra la gente penso solo a te. La perfezione sta nei tuoi ricordi anche se per te sono stato imperfetto al punto di arrivare ad odiarmi. Sta in te anche se ti vedi tanti difetti che io non ti ho mai visto. La perfezione sta nei miei giorni solo nei momenti in cui rispondi ai miei messaggi e se ne va con te non appena mi dici che dobbiamo fermarci e che ti devo lasciare in pace. Sta nei miei lunghi messaggi che forse nemmeno leggi perché ormai per te sono solo un ricordo da mettere da parte. Sta nelle mie frasi sui social sempre dedicate a te che hai portato la felicità nella mia vita anche se per un breve periodo. La perfezione esiste anche se piena di difetti ed io l'ho vista dentro di te. E non nei tuoi sorrisi, nei tuoi occhi o nei tuoi seni. La vera perfezione io l'ho vista nel tuo cuore che adesso mi stai chiudendo come avesse una porta senza chiave e che un giorno riaprirai per qualcuno che non sarò io. Sei stata perfetta al punto da farmi pensare stessi fingendo e adesso che me ne sono reso conto tu sei andata avanti come un cavallo coi paraocchi; lasciando tutti gli altri nella tua visuale ed i nostri ricordi ai lati per non vederli né sentirli più. La perfezione esiste ed eravamo io e te insieme anche se dici che non è vero. La perfezione siamo io, tu e il mio letto stretto dove spero ti riaddormenterai presto sul mio petto. La perfezione non esiste ma io l'ho trovata dentro di te!

Per Charly fare l'amore con Andrea era un turbinio di emozioni, un qualcosa di umanamente inspiegabile. Lo facevano per ore, senza mai stancarsi l'uno dell'altra. Se avesse dovuto accostarlo a qualcosa lo avrebbe sicuramente paragonato a dei fuochi d'artificio. Più passava il tempo più intensità ci mettevano fino ad arrivare ad un orgasmo congiunto che per loro rappresentava il picco, più che del piacere, di emozioni che mai avevano provato prima. A lei piaceva esplorare l'Italia ed in poco più di 4 mesi erano stati in Calabria, Puglia e Basilicata. Avevano speso tutti i risparmi di entrambi ma stavano vivendo alla grande. Erano sempre felici e spensierati e ridevamo come matti. Era perfetta e diceva che lui era perfetto per lei. Pianificavano insieme il loro futuro e si sentivano finalmente appagati. Un po' di incertezze lavorative ma un grande amore pronto a vincere su tutto e tutti.

Era bella, fottutamente bella, il suo corpo era una cascata di piacere. Cominciavo ad accarezzarlo dalle labbra, poi passavo al seno così morbido e rotondo e piano arrivavo in quella valle che era fonte del nostro essere. Mi pregava di accompagnarla lungo la via del peccato, ed io come il sommo Virgilio lo facevo, senza battere ciglio.
Mi piaceva farlo con lei. Dicono che fare l'amore sia peccaminoso. Io penso che stare con lei e non farlo sarebbe stato il vero peccato.
Mi sentivo perso tra i suoi gemiti come fossi estraniato dal mondo circostante, come se una forza mi prendesse e mi buttasse dentro una spirale di passione dalla quale se non hai dimestichezza non esci vivo. Io ne avevo ma ne restavo affascinato come un astronomo che si ritrova davanti agli occhi una supernova.

E lei, proprio come una supernova esplodeva davanti ai miei occhi, tra le mie braccia.
Era il mio quadro preferito, il mio passatempo preferito ed il mio gioco preferito e ancora oggi resta il mio amore preferito. Più la guardavo gemere più avrei voluto darle tutto me stesso per soddisfare i suoi bisogni. Ero felice di soddisfarla e di essere soddisfatto in toto per la prima volta nella mia vita. Ero contento di stare al suo fianco.

Un pomeriggio, mentre parlavano del più e del meno, cominciarono a parlare di cantanti e a menzionare canzoni.
Andrea: "Qual è il tuo cantante preferito?"
Charles: "Senza dubbio Cremonini. Sarei sempre voluto andare ad un suo concerto ma non ne ho mai avuto modo."
Andrea: "Beh... magari un giorno ci andrai."
Charles: "Lo spero"
Andrea: "Sei così romantico Charly. Mi tratti come mai nessuno prima in vita mia."
Charles: "Sei la mia Donna!"
Andrea: "Voglio essere tua per sempre!"
Charles: "Sicura di quello che dici, solo mia per sempre?"
Andrea: "Sì, lo desidero tanto!"
'Menomale' Pensò Charly, stringendola forte tra le sue braccia.
L'amore ti aiuta ad oltrepassare i muri che la vita ti innalza ed i limiti che non credevi di riuscire a superare; una vita per trovarlo ed una parola in più per perderlo.
Molte persone vivono secondo la giornata: oggi con una ragazza, domani un'altra, non legandosi mai e provando sentimenti temporanei, giusto per difendersi dal dolore.
L'Amore però, quello con la A maiuscola, arriva e ti travolge senza lasciarti via di scampo né scuse. All'improvviso pensi che forse, per quella persona ne vale la pena e cambi, nei modi di agire, nel modo di pensare e nei modi di fare. A molti

l'Amore salva la vita, li porta via dal vizio del gioco, del sesso sfrenato, della droga… è capace di fare miracoli ed è brutto pensare che molti ancora oggi, non ne concepiscono l'importanza e l'imponenza. Tutti lo abbiamo provato e tutti siamo stati feriti ma questo non è un motivo per chiudersi in sé stessi o per regalarsi agli altri dimenticandosi il proprio vero valore. Chi dice di odiare l'amore o di avere paura, lo dice perché lo ha provato per davvero, e per davvero è stato ferito. Charly, dopo Clara si era ripromesso di non cascarci mai più, si era rinchiuso in casa per non vedere né conoscere nuove persone, si era estraniato dal mondo come un orso bruno nella propria tana. Eppure, aveva avuto bisogno di trovare un lavoro e ne aveva trovato uno che lo portava ogni giorno a contatto con le persone che lui tanto evitava. Era sociopatico ma aveva bisogno di soldi, aveva attacchi d'ansia durante le serate, soprattutto di Sabato sera quando il locale era sovraffollato ma aveva bisogno di soldi, evitava ogni tipo di contatto lo potesse portare anche solo a sfiorare i sentimenti che aveva provato con Clara ma aveva bisogno d'amore. Ogni giorno tante persone si innamorano, ogni giorno tantissimi piccoli miracoli si succedono, e noi non ce ne accorgiamo perché siamo troppo legati al passato ed al futuro che avevamo sognato con quella persona che ci ha fatto tanto male, magari tradendo la nostra fiducia, dicendo bugie o lasciandoci da un giorno all'altro. Andate avanti, sempre, e riprendetevi la vostra felicità dando fiducia ad un'altra persona, non tutti sono uguali, non tutti ci faranno del male.

Questo è un messaggio per te che in questo momento, magari stai piangendo. So che ti senti ferita e umiliata ma vai avanti, rialzati come hai fatto tante volte.
So che adesso è più difficile, ci sono passato prima di te, ma devi in un modo o nell'altro trovare la forza per andare

avanti. Nemmeno io ci credevo ed invece adesso sono di nuovo felice, di nuovo sereno, e soprattutto dopo tanto tempo ho ricominciato a scrivere, per me e per te.

Comunque tu ti chiami, ovunque tu abiti, sappi che ti voglio bene e che mai nessuno al mondo deve spegnerti quel fantastico sorriso che ti ritrovi. Chi cerca di farlo non lo merita e non ti merita. Vai avanti!

E se qualche volta di sera ti senti sola, esci fuori a guardare il cielo e sappi che, anche se siamo a tanti kilometri di distanza io sono lì con te, sotto la stessa luna.

Capitolo 12

Com'è il tuo cuore? Rotto!

"Sei così dolce con me!"
"Beh... penso che con te tutti gli uomini siano stati dolci"
"Sì ma con te è diverso, non so perché"
"In che senso?"
"Quando tu mi dici che sono bella, ci credo veramente."
"Perché quando lo dicevano gli altri non ci credevi?"
"Sì, ma con te è diverso e lo noto da come mi parli e mi guardi
sorridendo. Con te ci credo per davvero perché sembra che
con me non ti manchi nulla."
"Non è che sembra, è così!"
"Ma dai... ah ah ah"
"Ti posso fare una domanda?"
"Dimmi"
"Com'è il tuo cuore?"
"Rotto!"
"Me ne daresti un pezzettino?"

Un mattino come tanti Andrea chiese a Charly di recarsi a casa sua come ogni tanto faceva. Di solito appena entrato, lei gli si fiondava addosso prima di dire qualsiasi parola iniziavano con dei baci passionali per poi finire, come di consueto nel vortice del piacere. Le bastava dire un semplice ciao, con il suo accento da donna dell'est e la sua bocca carnosa per attivare dei trigger che Charly aveva nel cervello e non solo. Questa volta però fu molto diversa da tutte le altre, lo voleva vedere per altri scopi e lui, mai avrebbe potuto immaginare per cosa.

Si preparò di fretta perché convinto di dover convenire con lei, ancora una volta in una cosa sola, ma appena arrivato ebbe la sorpresa. Andrea era solita accoglierlo nuda, con addosso solo un rossetto rosso fuoco, ciglia finte e tanta voglia di sesso. Tanta voglia che aveva trasmesso a Charly e che lui prima non aveva o meglio, non sapeva di avere. Lui non vedeva l'ora di vederla e si incamminò verso la macchina, salì e inserì la chiave nel quadro, si ricordò di dover controllare il livello dell'olio ma in quel momento non era importante. Accese l'auto e si mise in cammino fino a casa sua, avanzando ad una velocità sostenuta. Arrivò dopo poco sotto casa e la vide uscire, cosa che capitava solo nelle volte in cui, insieme avevano pianificato qualche passeggiata o qualche cena insieme.

Diciamo che in quel frangente il comportamento di lei era molto inusuale. Charly pensò subito al peggio, d'altronde prima o poi sarebbe dovuta finire, le cose belle durano poco e ti lasciano all' improvviso. Il brutto è che ci fai subito l'abitudine e le perdi proprio nel momento in cui non puoi farne più a meno, o almeno credi.

Era vestita con degli short di jeans e sopra aveva abbinato una maglietta color arancio, tipica tenuta estiva. Era bella più di ogni altra volta e Charly come suo solito, appena la vide penso tra sé e sé: 'Come faccio a stare con una così?'. Fatto sta che lei lo amava e che non stava per lasciarlo come lui credeva ma era in procinto di dargli uno dei segni più forti del suo amore, uno dei segni permanenti del suo sentimento.

Charles: "Cosa succede?"

Andrea: "piccolino, ti aspettavi di possedermi vero?"

Charles: "Ero venuto per quello!"

Andrea: "Non rimanerci male, avremo tante occasioni per quello. Oggi voglio darti qualcosa in più di me e spero che apprezzerai, visto che ho paura ed ansia allo stesso tempo"

Charles: "Cosa???"

Andrea: "Una sorpresa, Chiudi gli occhi please!"
Charles: "OK!"
Andrea: "Guarda... è una cosa che ho pensato per te e spero ti
farà piacere."
Estrasse una bustina verde e gialla dalla borsa.
Andrea: "Adesso puoi aprire, grazie"
Charles: "Cos'è?"
Andrea: "Un regalo per te"
Charles: "Un regalo?"
Andrea: "E Apriii!"
Charly aprì la bustina, all'interno c'erano 2 biglietti per il
concerto di Cesare Cremonini allo Stadio Olimpico di Roma.
Lui rimase senza parole, lei lo guardò con paura e gli chiese:
Andrea: "Sei contento?"
Charly guardandola scoppiò a piangere. Piangeva di gioia
perché mai nessuna persona aveva fatto un gesto così bello nei
suoi confronti, mai nessuno aveva avuto un pensiero così dolce
ed amorevole verso di lui, si era sempre sentito solo e messo
all'angolo per colpa della vita ed in quel momento non potette
fare altro che piangere anche se non avrebbe voluto avere
quella reazione. Era troppo empatico ed emotivo e tendeva
molto a nascondere queste sue caratteristiche caratteriali che
aveva sempre represso e rinnegato. Ma con lei, nel bene e nel
male non riusciva ad avere schermi, lei gli frantumava tutte le
maschere e gli sgretolava tutte le paure. forse per la prima volta
nella vita, qualcuno veramente lo amava e lo metteva al di
sopra di tutto per quello che era, nonostante fosse un disastro.
Charles "Certo che sono felice!"
Andrea: "Allora perché piangi?"
Charles "Perché mai nessuna aveva fatto tanto per me. Ti amo
più della mia stessa vita!"
Quanta verità in quelle sue parole: Più della sua stessa vita. A
chi potremmo mai dire delle parole del genere? Mica a tutte le

persone che ci capitano davanti?!? Lui era innamorato perso, al punto di non volere altro e di non chiedere altro dalla vita. Charly credeva molto in Dio ed ogni mattina appena sveglio e la sera prima di andare a dormire gli chiedeva di farla restare al suo fianco. "Dio mio non voglio altro!" diceva "Sono disposto a sacrificare tutti i miei sogni, compreso quello della scrittura ma non togliermi lei". Purtroppo, su questo Dio poteva fare ben poco e lo avrebbe scoperto più in là pagando uno scotto molto molto alto.

Andrea: "È tra due mesi e mi farebbe piacere andarci insieme, se poi mi lasci ci vai con un'altra ah ah ah. Ormai sono tuoi!" Lei invece, era abituata ormai ad essere lasciata da tutti quelli di cui si infatuava. Non aveva un cuore di pietra, al contrario aveva un cuore immenso e lo stava donando per intero per la prima volta nella vita. Aveva paura lui la potesse mandare via come avevano fatto tutti gli altri ma Charly non era come tutti gli altri, Charly era molto profondo e per questo era sempre stato emarginato, sia a scuola che nella vita.

Charles: "Perché dovrei lasciarti?"
Andrea: "Beh... per le cose che non ti avevo detto"
Charles: "Lasciamo stare tutto e partiamo da zero?"
Andrea: "Va bene!"

In realtà Andrea avrebbe avuto ancora tante cose da dire a Charly, cose che aveva fatto anche mentre stava con lui nei primi periodi, prima di capire fosse innamorata, quando continuava a trattarlo come tutti, quando continuava a comportarsi come sempre. Aveva tanta paura lui lo scoprisse e la prendesse a male ma se glielo avesse confessato, secondo il suo avviso sarebbe stato peggio. Tenne tutto per sé sperando lui non lo venisse mai a sapere ma si sa che le bugie hanno le gambe corte ed anche che la gente è cattiva, pettegola e invidiosa. Andrea non usava la formula del mi piaci e quindi facciamo sesso, a lei piaceva far innamorare tutti gli uomini con cui era stata. Li frequentava per periodi medio lunghi e poi sul più bello se ne andava lasciandoli con l'amaro in bocca. Anche con lei alcuni uomini si erano comportati in questo modo e quindi usava con sé stessa la scusa del: 'se lo fanno gli altri perché io non dovrei' cosa sbagliatissima. A lei piaceva sentirsi amata ed apprezzata da più persone possibili e di certo non aveva pensieri di monogamia, almeno fino all'arrivo di Charly nella sua vita. Lui l'aveva riportata coi piedi per terra e le aveva ricordato di avere un cuore da curare ed un animo a cui rispondere delle sue azioni. Lei lo amava proprio perché era riuscito senza volerlo e solo coi suoi gesti semplici a farla ritornare la bambina priva di malizie che era prima di aver vissuto quella brutta vicenda che l'aveva segnata nel profondo, facendola divenire così superficiale nei confronti degli uomini. Ma cosa aveva Charly più degli altri? Non se lo sapeva spiegare... era dolce e sensibile come tanti altri ragazzi che aveva incontrato, era carino sì, ma non bellissimo, aveva un'intelligenza superiore alla media, forse era quello che a lei piaceva più di tutto. Aveva sempre una risposta a tutte le sue domande e a volte sembrava potesse prevedere le cose. Semplicemente, a differenza di tanti a lui piaceva pensare prima di agire, ed ecco spiegato tutto il suo prevedere. Non era di certo uno sprovveduto ma nemmeno un veggente, semplicemente pensava tanto e questo lo portava a passare notti insonni per paura di perdere Andrea. La sua intelligenza era un punto di forza se vista dagli altri e un punto di debolezza se vista dal canto suo. Pensava lo avesse solo penalizzato nella vita di tutti i giorni, perché lo aveva portato a sbagliare pochissime volte e a non vivere come tutti gli altri. A volte sembrava fosse nato pronto a non sbagliare. In realtà sapeva ascoltare le persone più grandi ed in base ad i loro racconti riusciva a fare un resoconto di come sarebbero andate le cose se avesse commesso quel determinato sbaglio. Anche per

93

Andrea aveva passato giorni a rimuginare e nella sua testa, come nel suo cuore, già sapeva come sarebbe andata secondo lui. Non era riuscito però a tirarsi indietro come le altre volte, stavolta aveva preferito seguire il suo cuore a qualsiasi costo. Nonostante lei le avesse raccontato parte del suo passato credeva che le persone potessero cambiare e per certi versi aveva ragione, tante persone cambiano la propria vita da un giorno all'altro, magari perché veramente si innamorano, ma se lo vogliono davvero e Charly stava sempre lì a domandarsi se Andrea lo avrebbe voluto o sarebbe partita lasciandolo di nuovo solo.

Capitolo 13

Prima di amare me ama le mie paure!

*Amatevi con innocenza come fanno i bambini, perché come
loro abbiamo solo bisogno d'affetto!
L'amore mi ha donato le esperienze più belle della vita, e se
dovessero farmi scegliere tra una persona che mi ama e tutto
l'oro del mondo, sicuramente sceglierei di essere amato,
poiché l'essenziale non è cosa materiale.
Io mi fido dell'amore e ci credo fortemente!*

Spesso crediamo di amare una persona senza farci carico delle
sue paure. Ecco, amare significa innanzitutto farsi da parte per
l'altro: mettere a tacere i propri problemi per riuscire a
supportare una persona a cui tieni, che sia un amore o
un'amicizia è importante conoscere prima di parlare. Amare
significa regalare talvolta, anche la propria vita. Vi porto come
esempio quello di una mamma: lei si che sa amare e lo fa dal
momento della nostra nascita fino a quando non ci
allontaniamo per forza di cose. Lo fa con tutta sé stessa e dona
la propria vita, i propri sacrifici ed il proprio sudore per i figli.
Non potrei mai mettere in paragone l'amore di una mamma con
quello di un ragazzo che ama una ragazza e viceversa ma penso
che prendere come esempio la persona più importante del
nucleo familiare possa aiutarmi a descrivere il mio concetto di
amore.
Se noi abbiamo paura del buio non corriamo da papà, anche se
sappiamo che lui è più forte, ma da mamma proprio perché è
lei la persona che ci ha dato sin dall'inizio della nostra vita, più

amore di tutti. Sappiamo che a lei possiamo confessare tutto e che mai saremo giudicati poiché è stata al nostro fianco da prima ancora che nascessimo. Le più grandi dimostrazioni d'amore le ho avute da mia madre e prima nemmeno ci facevo caso, oggi che sono meno egoista invece mi guardo indietro e capisco i sacrifici che ha fatto per me, anche solo lasciandomi l'ultimo pezzo di pizza. La mamma ama senza volere nulla in cambio ed è questo che dovremmo fare tutti: amare le persone senza volere nulla da loro se non la loro stessa felicità, anche lontano da noi. Io questo l'ho capito troppo tardi ma da quando ho cambiato il mio concetto d'amore ho iniziato a vivere in modo migliore. Non mi aspetto nulla da nessuno ed offro a tutti quelli che posso il mio aiuto, alcuni dopo aver avuto quello che volevano nemmeno più mi salutano o sparlano di me, ma io non mi fermo perché amo senza volere in cambio nulla se non la loro felicità. Non ho bisogno di prepararmi all'ingratitudine né ho bisogno di rinfacciare quello che ho fatto per ricevere qualcosa in cambio. Io amo e basta, in modo incondizionato come fa una mamma, tutti quelli che mi chiedono aiuto. Vorrei prendeste anche voi come esempio una madre nei vostri rapporti, e vorrei amaste l'altra persona più di voi stessi, al punto di provare un amore così forte da vincere su tutto e tutti. Prima di dire quelle famose due paroline, provate a farvi carico delle paure dell'altra/o e provate a promettere che ci sarete sempre qualsiasi cosa accada ma fatelo col cuore e senza secondi fini. Si può amare una persona senza essere contraccambiati ed è assolutamente qui che vi riporto di nuovo alla madre: mai potremmo amare nostra madre come lei ama noi, mai potremmo ricambiare tutti i sacrifici fatti e le paure quando non stavamo bene da bambini.

A volte mia mamma entra in camera mia e si siede sul letto a fissarmi. Io le chiedo: "Cosa c'è?" e lei sorridendo mi risponde: "Quando avrai un figlio me lo saprai dire."

Eppure lei ci ama in modo incondizionato, senza volere nulla in cambio, senza secondi fini. Provate ad immaginare un mondo in cui tutti amano gli altri più di sé stessi. Non ci sarebbero tante cose brutte non credete? Le persone non sarebbero accecate dal proprio ego e diverrebbero più umili, non ci sarebbero interessi, non ci sarebbe iniquità. Tutto questo preambolo per descrivere l'amore viscerale di Charly verso Andrea. Il suo sentimento era un qualcosa che andava al di là di tutto e tutti, al di là delle menzogne e dello stesso carattere di lei. La amava al punto di poter passare su tutto pur di non perderla e non lo faceva perché aveva paura di stare da solo, c'era stato tanto tempo, lo faceva perché era così, con lei gli veniva naturale; ma lei lo amava davvero come pensava? Sarebbe stata disposta a non ritornare più la persona superficiale che era prima? Charly di questo aveva paura anche se non riusciva a non amarla. Gli bastava solo vederla sorridere per dimenticarsi tutto il brutto della sua vita e cercava di starle vicino il più possibile, conoscendo e combattendo le sue paure.

Andrea: "Ho bisogno di parlarti!"
Charles: "Se è il tuo passato che mi vuoi raccontare desisti"
Andrea: "Ci sono cose importanti che devi sapere"
Charles: "Allora dimmi"
Andrea: "Ho praticato un aborto all'età di 18 anni. Mia mamma voleva tenerlo e disse che avrebbe detto a tutti che era un mio fratellino ma io ho preferito abortire per godermi la mia libertà, non sai quanto me ne pento amore mio, sono stata una stupida…"
Charles: "Come mai è capitata questa cosa, non potevate stare attenti?"

Andrea: "Una volta al mare coi miei genitori, mi capitò di fare sesso con un ragazzo di cui nemmeno conoscevo il nome. Lo vidi solo quella sera e lo facemmo. Dopo aver saputo lo cercai e lui mi disse che era impossibile fosse stata colpa sua."

Charles: "Come se avere un bambino fosse una colpa…"

Andrea: "Disse che se avessi voluto tenerlo lui non si sarebbe preso le sue responsabilità e poi nemmeno ci conoscevamo caratterialmente, come potevamo costruire un qualcosa? Allora decisi di abortire e dimenticare ma in realtà non ho mai dimenticato. Andai in clinica con mia mamma e la mia migliore amica ed in mezza giornata facemmo tutto. È stata la cosa più cattiva che ho fatto, ho ucciso una persona innocente solo per non perdere la mia libertà."

Charles: Se c'è una cosa che ho imparato sugli esseri umani è che scelgono sempre la strada più facile, non capendo che è attraverso la sofferenza che si matura. Forse tenendolo avresti sofferto e saresti stata limitata ma avresti ricevuto in cambio un amore immenso. Fatto sta che ormai queste cose appartengono al passato, tu sei cambiata e voglio tu sappia che se dovesse succedere a noi io mi prenderei le mie responsabilità, stanne certa."

Andrea: "Sì, ma cerchiamo di non farlo succedere perché adesso devo pensare alla mia carriera."

All'improvviso, dopo aver pianto tantissimo per la sua confessione, si asciugò gli occhi e colpì Charly con quelle parole dritto al cuore. Una donna che ama veramente non dice quelle parole, non pensa solo a sé stessa. Nemmeno Charly avrebbe voluto un bambino in quel determinato momento della sua vita ma se fosse arrivato lo avrebbe accettato mentre lei nonostante il suo sbaglio passato, aveva fatto intendere che non voleva e secondo Charly se fosse successo lei avrebbe abortito di nuovo.

Ebbe la conferma di questa sua tesi un mese dopo, quando ad Andrea tardò il ciclo di 5 giorni. Era sempre stato preciso come un orologio svizzero ed era la prima volta in cui le era tardato in vita sua.

Andrea: "Charly sei sicuro?"

Charles: "Amore stai tranquilla, sono sicuro!"

A Charly non piacque quella domanda e non piacque nemmeno quello che venne dopo. Andrea era nervosissima e non faceva altro che chiedergli sempre la stessa cosa: se fosse sicuro non ci fosse nulla di cui avere paura.

Charles: "Mal che vada ci sposiamo dai…"

Andrea: "Non c'e nulla da ridere, se fosse sarei costretta ad abortire di nuovo lo sai? E tu ridi come un coglione?!? Cos'hai da ridere?"

Con quelle parole Andrea fece tanto male al suo fidanzato senza nemmeno accorgersene. Pensava solo a sé stessa ed alla sua carriera e questo non faceva altro che alimentare la tesi di Charly, forse non lo amava per davvero. Per fortuna tutto si risolse dopo qualche giorno ed Andrea ritorno la ragazza dolce e premurosa di prima. Forse non era ancora pronta per una cosa così importante, forse era ancora immatura.

Capitolo 14

Certi sguardi non dovrebbero esser fatti da chi non ha le palle di andare avanti!

Non abbiate paura di mostrarvi per quello che siete: Non abbiate timore di donare un abbraccio a chi si trova in difficoltà, non restate miopi dinanzi a chi ha bisogno di voi, non agite con indifferenza solo perché non volete gli altri intravedano la vostra fragilità.
Praticate il vostro essere ed otterrete una scrematura naturale delle persone di cui vi contornate: Una persona falsa ed opportunista ad esempio, dirà che siete troppo deboli e si allontanerà da voi per i sensi di colpa. Al contrario invece, una persona sincera ed altruista non potrà fare altro che ammirarvi e complimentarsi con voi per il vostro essere. Io vi ho detto la mia, ora sta a voi decidere!

stava finalmente per arrivare la data da Charly tanto attesa, il concerto ci sarebbe stato la settimana dopo e lui visto che dovevano andare a Roma decise di prendere una camera nel centro per 2 giorni, Tutto all'insaputa di Andrea. Sapeva che lei era pazza e che lo avrebbe seguito sicuramente, quindi le fece una bella sorpresa.
Charles: "Amore mio ho prenotato una camera nel centro di Roma per noi due, così oltre al concerto ci godiamo anche la Città"
Andrea: "Tesoro ma sei pazzo, e se avessi avuto da fare?"
Charles: "I tuoi impegni ormai li conosco…"
Andrea: "Sai che ti seguirei fino in capo al mondo!"

Charles era felice, aveva speso l'equivalente di una settimana di lavoro per quella camera ma nemmeno tutto l'oro del mondo era paragonabile al sentimento che provavano l'uno per l'altra. Giunta la data designata, insieme presero il treno e scesero alla stazione Roma-Termini lontana solo 10 minuti a piedi dalla camera. Il tragitto in treno lo passarono dormendo in un semplice abbraccio, anche se dormire in treno era un po' scomodo. A lui bastava averla tra le braccia e nulla più voleva, nemmeno la comodità, e sembrava fosse la stessa cosa per lei che se lo stringeva e chiudeva quegli occhi dolci che aveva.

Lo so che hai bisogno di affetto, lo si vede da come chiudi gli occhi quando qualcuno ti accarezza

Scesero dal treno e mentre insieme camminavano per le strade di Roma, sentivano una forte gioia nel cuore, dettata dalla voglia di stare insieme per così tanto tempo e dalla voglia di visitare una Città a dir poco magica.
Charly faceva di tutto per farla sorridere, era come stregato da quel sorriso dolce e puro e non poteva fare a meno di cercare di vederla felice e sorridente. Ci riusciva alla grande e lei se ne accorgeva, era per lei l'unico uomo per cui valeva la pena dire di no a tutti gli altri: I suoi modi da galantuomo, i suoi occhi innamorati, le sue battute squallide. Erano per Andrea tutti segnali che arrivavano dritto al cuore e che le dicevano: "Tienitelo stretto!"
Arrivati in Albergo li accolse un ragazzo di origini marocchine, aveva più o meno 30 anni ed era molto gentile.
Ismail: "Ben arrivati signori, io sono Ismail e farò di tutto per rendere i vostri giorni qui a Roma indimenticabili."
Le cose si mettevano bene sin dall'inizio. Charly non era abituato a così tanto lusso ma Andrea forse sì, rimasero entrambi stupiti dalla cordialità e dalla bellezza dell'albergo.

Nelle foto viste sul sito non rendeva così tanto l'idea di lusso e questa per entrambi fu una bellissima sorpresa.

Ismail: "Venite con me, stanno ancora sistemando la camera, nel frattempo vi mostro il nostro terrazzo panoramico."

Dopo aver appoggiato le valigie nella hall si apprestarono a seguirlo. L'albergo era stato costruito all'interno di un palazzo molto antico, sforzesco. Salirono dei gradini di pietra lavica molto alti attraversando una scala strettissima, dove a malapena ci entrava una persona per volta, infatti dovettero proseguire in fila indiana. Non fu molto piacevole la sensazione ma appena giunti sul terrazzo l'impatto.

Ismail li fece sedere ad un tavolino e chiese se volessero farsi portare qualcosa dal bar.

Andrea: "Per me va bene una premuta d'arance"

Charles: "Per me un caffè, grazie"

Nell'attesa delle bevande i due si apprestarono a godersi il panorama dettato da quel terrazzo che si affacciava su tutta Roma. Si vedeva Piazza del Popolo e appena sotto c'erano delle rovine. Charly era molto curioso di sapere e pensò di chiedere ad ismail cosa rappresentassero ma poi perso nei sorrisi di Andrea se ne dimenticò completamente.

Ismail: "Eccomi, avete visto che bel panorama, la stanza è pronta ma voi fate con comodo mi raccomando"

Andrea: "Grazie Ismail, sei davvero simpatico e gentile!"

Ismail: "Grazie a voi di averci scelti. Se mi posso permettere vi voglio raccontare la storia delle rovine che si trovano proprio qua sotto."

Charles: "Certo, ne ero proprio incuriosito!"

Ismail: "Beh… quello è il luogo dove fu assassinato Giulio Cesare"

Tutti e due rimasero a bocca aperta, in un solo attimo e con poche parole erano riusciti quasi a toccare l'enorme Storia che si celava dietro quella Città.

Ismail: "se avete finito vi mostro la nostra Jacuzzi"
Entrambi si alzarono immediatamente dalle rispettive sedie,
Charly già sapeva e voleva fare una sorpresa alla sua lei.
Fecero una decina di metri a piedi e salirono altri sette gradini
stretti come i precedenti, ritrovandosi di faccia ed in un luogo
del tutto appartato la vasca con acqua riscaldata, idromassaggio
e cromoterapia.
Ismail: "Questa è disponibile solo per voi e lo sarà 24 ore su 24
anche se vi consiglio di venirci di sera o di notte, con la Luna e
le Stelle a farvi da contorno."
Andrea rimase a bocca aperta
Ismail: "Se mi seguite vi accompagno in camera."
Tutti e due, quasi sicoccati dalle belle sensazioni che avevano
provato lo seguirono in camera e posarono le valigie. Avevano
deciso che sarebbero usciti immediatamente ma il viaggio li
aveva resi molto stanchi e quindi decisero di fare una doccia,
dormire un po' ed uscire la sera, anche perché Charly aveva
dimenticato il costume a casa.
Andrea: "Tesoro io vado a farmi una doccia, mi raccomando
sono stanca, non farti venire strane idee!"
Charles: "Tranquilla tesoro mio, anche io sono stanco."
In realtà l'idea di Charly era proprio quella di farla sua sotto la
doccia e appena sentì l'acqua scorrere si spogliò e corse in
bagno. Si era già informato dal sito internet del fatto che fosse
abbastanza ampia per due persone proprio per quel motivo.
Andrea: "Tesoro ma ti pare il caso?"
Charles: "Dai la facciamo insieme e andiamo a dormire:"
Andrea: "Tanto lo so cosa vuoi fare!"
Charles: "Allora apri e godiamoci questi momenti!"
La doccia poteva essere aperta solo dall'interno ed aveva un
vetro spesso opacizzato. Appena Andrea la aprì fuoriuscì un
manto di vapore e di profumo di bagnoschiuma alle ciliegie
dato in dotazione dall'albergo e molto gradito da entrambi.

Charles: "Lo hai mai fatto sotto la doccia?"
Andrea: "A dire il vero mai, vogliamo rimediare?"
Charles: "Non eri stanca?"
Andrea: "Lo sai che a te non resisto!"
Charles: "Sono entrato per questo!"
Charly iniziò a baciarla in modo passionale e la prese per i capelli bagnati, passò a baciarle il collo e poi il seno mentre lei non faceva altro che dire: "Mi fai impazzire"
Di botto la girò di schiena e dopo averle dato un bacio sulla spalla destra iniziò a penetrarla in modo prepotente. Lei ansimava e Charly fu costretto a poggiare la sua mano destra dinanzi alla sua bocca, in questo modo si privava delle sue urla ma aveva paura qualcuno sentisse. A lei piaceva e continuava a mordergli il dito medio fino a quando in un'ondata di piacere, entrambi raggiunsero l'orgasmo. Dopo averlo fatto lei lo strinse forte a sé dicendo:
Andrea: "Non mi lasciare, ci ho messo anni per trovarti amore mio"
Charles: "Stai tranquilla, per me è la stessa cosa, non ti abbandono."
Andrea uscì dalla doccia sorridente mentre Charly rimase ancora un po' per rilassarsi.
Appena uscito la trovo distesa su un fianco, sul letto addormentata. Si asciugò e si poggiò dietro di lei stringendola a sé e portando il suo braccio destro sotto alla sua testa. Si addormentò con lei.
Si svegliarono verso le 19:00 e decisero di andarsi a fare un giro per le strade della Capitale. Charly si rese conto di aver visto per la prima volta la sua tanto amata Andrea, senza trucco e le carezzò il viso dicendole che era bellissima. Lei lo guardò come a dire: "Fai sul serio?" e poi corse in bagno a truccarsi.
Una volta finito scesero le scale e decisero di andare a visitare

104

Piazza del popolo. Mentre camminavano Andrea prese la mano di lui e la strinse forte fino a quasi stritolargliela.

Charles: "Ehi... piano!"

Andrea: "Scusa. È che fai così tanto per me..."

Charles: "Per questo mi vuoi spezzare le dita?

Andrea: "Dai scemo, sono seria..."

Charles: "Lo faccio perché ti amo e nulla di quello che faccio mi pesa!"

Andrea: "Ringrazio Dio di averti mandato nella mia vita!"

Charles: "Anche io lo ringrazio ma adesso basta o piango"

Andrea: "No... non piangere ah ah ah"

Continuarono a camminare e giunsero in un negozio dove Charly prese un costume solo perché piaceva a lei. Era color arancio ed aveva tante Ananas disegnate sopra, non era nel suo stile ma per accontentarla lo prese volentieri.

Arrivati a Piazza del popolo videro una miriade di persone raggruppate in un recinto di transenne e di fronte un palco. Non si aspettavano tutto questo e quindi chiesero agli addetti cosa stesse succedendo. C'era un concerto con tutti i migliori artisti italiani proprio quella sera e per le sere seguenti, che fortuna. Aspettarono con ansia l'inizio e stettero lì ad ascoltare e cantare fino alla fine. Era l'una di notte quando tornarono in camera, erano stanchi sì, ma un bel bagno nella Jacuzzi ci stava tutto così indossarono i costumi, presero gli asciugamani e salirono sul terrazzo. Charly aveva preparato due bicchieri con una piccola bottiglia di Champagne e li aveva avvolti nell'asciugamano per non farli vedere a lei. Andrea era felicissima e non appena salita in terrazza non poté fare altro che essere stregata dal quel meraviglioso panorama di notte. Sopra di loro solo il cielo stellato ed una Luna piena che quasi simboleggiava la pienezza spirituale che si davano reciprocamente, sotto le luci della Città e dinanzi una vasca piena d'acqua calda con idromassaggio.

Andrea: "Ma dove mi hai portata amore mio, in una favola?!?"

Charles: "Qui di bella come una favola ci sei solo tu!"

Andrea: "Hai sempre la risposta giusta nel momento giusto, come fai?"

Charles: "Non è che mi viene sempre, è naturale con chi mi piace veramente. Comunque ho una sorpresa…"

Charly tirò fuori i bicchieri e la piccola bottiglia di Champagne che gli era costata un occhio della testa lasciando Andrea a bocca aperta

Andrea: "Sei pazzo? Questo Champagne costa un botto!"

Charles: "Mica lo beviamo tutti i giorni…"

Andrea: "Tesoro ma sei vero? Cioè sei veramente così dolce, premuroso e galantuomo?"

Charles: "Non esagerare adesso, ho anche dei difetti ah ah ah"

Andrea: "Stasera sto bene come mai sono stata in vita mia. Il cielo pieno di stelle ed il cuore traboccante d'amore. Cosa posso volere di più…?"

Charles: "Un po' di champagne?"

Andrea: "E dai scemo, sono seria"

Charles: "Ti amo come mai prima ho amato nessuna credimi"

Andrea: "Lo stesso vale per me!"

Charles: "Allora non te ne andare mai da me!"

Charly prese i due calici e verso un po' di champagne nel loro interno

Charles: "Adesso brindiamo a noi e ad una vita insieme, ti va?"

Andrea: "Mi sopporteresti?"

Charles: "Certo che sì!"

Andrea: "Allora mi va!"

Capitolo 15

La lealtà non è all'altezza della fantasia

L'amore è solo una bugia raccontata in un film da una bellissima attrice. ti prende, ti rende fragile e poi ti uccide piano, a suo piacimento, senza che tu possa minimamente fare opposizione.

Il mattino seguente Charly fu svegliato da un messaggio che arrivato sul cellulare di Andrea, gli parve strano perché lei di solito aveva sempre il silenzioso poiché affermava che le notifiche le davano fastidio; quella mattina invece no. Charly sapeva che stava per fare qualcosa di sbagliato ma non ce la fece a resistere alla tentazione ed apri i messaggi.
"Ciao Matrioska sono io" C'era scritto solo questo. Sicuramente era qualcuno che la conosceva ed il contatto era falso, quindi molto probabilmente sotto c'era qualcosa di losco. Poteva essere un ragazzo con cui era stata in passato o uno con cui ancora andava a letto nonostante stesse con lui. Charly però la vedeva troppo innamorata per fare una cosa del genere e decise di darle modo di dare una spiegazione, anche se dentro stava morendo dal dolore.
Appena lei si svegliò la prese subito di petto
Andrea: "Amore buongiorno!"
Charles: "Vedi che è arrivato un messaggio di qualche tuo amico!"
Andrea prese in mano il cellulare
Andrea: "Non ho la più pallida idea di chi sia sinceramente"
Charles: "Come mai ti contattano con profili falsi?"

Andrea: "Boh... sarà qualcuno fidanzato"
Charles: "Perché sei stata anche con uomini fidanzati?"
Andrea: "Solo una volta"
Charles: "Quindi sai chi è?!?"
Andrea: "Non lo so te lo giuro"
Charles: "Se sei stata solo con lui di fidanzato sai chi è!"
Andrea: "Non sono stata solo con lui di fidanzato ma cosa
c'entra? Ero single e potevo fare quello che volevo!"
Charles: "Ma come cazzo ragioni? Ma se io adesso ti tradissi
come ci resteresti?"
Andrea: "Una merda"
Charles: "lo vedi che sei egoista?"
Andrea: "Charly calmati, sono cambiata!"
Charles: "Voglio sapere chi cazzo è questo!"
Andrea: "Calmati, adesso glielo chiediamo..."
Andrea prese il cellulare e inviò una risposta:
"Chi sei?"
Aspettarono un paio di ore in vano e lui non rispose. Charly
cominciò ad avere meno fiducia in lei, quel messaggio aveva
rovinato tutta la poesia del giorno prima e dei mesi passati
insieme. Lui non poteva sapere se era stato tradito o lei per
davvero non sapeva chi fosse ma siccome era un tipo
abbastanza pessimista aveva tratto le sue conclusioni.
Si distese sul letto ed iniziò a piangere mentre Andrea era
molto nervosa. Lei si adagiò di fianco a lui senza avere il
coraggio di toccarlo. Poi dopo poco iniziò ad accarezzargli i
capelli e lo abbracciò forte.
Andrea: "Te lo giuro non ti ho tradito e non lo farei mai, ti amo
e non posso perderti!"
Charles: "Io nella vita ho già sofferto troppo per la morte dei
miei genitori, per come i miei compagni mi trattavano in
orfanotrofio e a scuola e per come mi bullizzavano
all'università. Non merito tutto questo dolore, non lo merito!"

Andrea: "Scusami amore mio. Credevo che gli uomini fossero tutti uguali e non potevo sapere arrivassi tu altrimenti mai sarei stata così stupida. Se può farti stare tranquillo mi tolgo tutti i social"

Charles: "Lascia stare, sarà tutto a tua coscienza. Se mi vuoi amare amami, se mi vuoi uccidere, uccidimi. Adesso ripartiamo da zero e ci godiamo il concerto di stasera ok?"

Andrea: "Va bene"

Dopo essersi entrambi calmati decisero di recarsi insieme a visitare il Colosseo e poi di andare a mangiare in un ristorante vicino Trastevere. Charly decise di fidarsi di lei anche se aveva dubbi sul fatto che quel lui non aveva più risposto. Diciamo che lui non avrebbe voluto passarci sopra ma il suo cuore si impose sulla ragione, tanto se avesse fatto qualcosa lui se ne sarebbe accorto prima o poi. Scesero e si incamminarono verso la stazione dove presero la metro che portava proprio nella Storia di Roma. Appena scesi si trovarono una folla immane che li travolse. Uscirono dalla metro e si trovarono il Colosseo proprio di fronte. Andrea non era mai stata lì e spalancò gli occhi come una bambina. Come Charly era molto attratta dalla Storia, soprattutto delle Città italiane.

Andrea: "Pensare che qua dentro combattevano i Gladiatori…"

Charles: "Era per i romani uno dei posti preferiti proprio per quello"

Andrea: "Ti rendi conto che stiamo camminando nella Storia? La gente passa, fa foto ma non sa nemmeno perché. Ormai il Colosseo è un'attrazione famosa in tutto il mondo. Troppo bello questo posto!"

Decisero di fare una visita guidata all'interno e di andare a scoprire tutte le bellezze celate in quel posto. Dopo essere usciti, avendo entrambi fame da lupi, si recarono alla metro per correre al ristorante. Scesero vicino Trastevere e fecero quasi un chilometro a piedi con in mano il navigatore sul cellulare;

finalmente lo trovarono. Se ne accorsero dalla fila che c'era fuori. Fortunatamente il locale aveva molti tavoli da due persone ed una fila separata per loro. Dopo un'oretta di attesa si sedettero e cominciarono a consultare il menù. Charly sapeva che in quel posto facevano delle ottime focacce e ne ordinò un paio per l'attesa.

Charles: "Cosa prendi amore mio?"
Andrea: "Sicuramente la cacio e pepe!"
Charles: "Io invece la carbonara"
Andrea: "Voglio anche quella..."
Charles: "Allora facciamo due piatti a metà?"
Andrea: "Facciamo tre perché voglio assaggiare anche i bucatini all'amatriciana ah ah ah"
Charles: "Mi farai diventare un maiale, vada per tre piatti..."
Cominciarono a mangiare i pezzi di focaccia e Charly non poteva fare altro che fissarla e pensare quanto fosse bella.
Andrea: "Buonissima questa focaccia!"
Charles: "Ti amo!"
Andrea: "E adesso cosa c'entra? Ah ah ah"
Charles: "Non lo so: questa Città, la sua Storia, i tuoi occhi... mi sembra tutto perfetto!"
Andrea: "Tu sei perfetto! Ho sempre sognato di avere al mio fianco un uomo come te, sin da bambina. Avrei voluto conoscerti quando avevo 14 anni"
Charles: "Perché proprio a quell'età?"
Andrea: "Perché ero come sono ritornata adesso e non la scapestrata che hai conosciuto"
Charles: "Forse i tuoi errori ti hanno aiutato a capire cosa volevi dalla vita"
Andrea: "E cosa non volevo!"
Charles: "Anche..."
Andrea: "Comunque anche io ti amo da morire, darei la vita per te!"

Mentre conversavano arrivarono i piatti ed entrambi si tuffarono in quel turbinio di sapori che mai più avrebbero dimenticato.
Dopo aver consumato si alzarono entrambi pieni
Charles: "Mamma mia non ce la faccio a respirare"
Andrea: "A chi lo dici?!?"
Charles: "Meglio tornare in camera al fresco e dormire"
Andrea: "Quoto!"
Ripresero la metro e ritornarono in camera dove prima di addormentarsi fecero l'amore.

Capitolo 16

Ti avevo detto che ero una persona fragile

Ti avevo detto che ero una persona fragile, ti avevo chiesto di non farmi del male, piangendo. Mi dicevi che volevi solo rendermi felice e che avresti fatto di tutto per me. Da quando te ne sei andata non credo più in nulla, in nessuna. Penso che se non sei riuscita tu con quegli occhi ad essere sincera come possono farlo altre persone. Dico alle ragazze che mi dispiace ma non posso dare fiducia dopo essere stato ucciso. Mi guardano come fossi un pazzo ma loro cosa ne sanno dei nostri progetti? Non so come hai fatto ad andare via e a trattarmi in modo così superfluo, lasciando a me solo le tue promesse. Dicevi che ero stato il tuo primo amore ma io il mio primo amore non lo avrei mai trattato come hai fatto tu. Rimandavamo i nostri orgasmi per stare divisi il meno possibile. Eravamo tutto quello che avevamo sempre desiderato, almeno fino a quando non ci siamo conosciuti veramente. Tu con le tue bugie io col mio carattere pessimo. Ci siamo presi in giro a vicenda per essere felici e lo siamo stati davvero tanto. Per te avrei dato la vita e per te sarei passato su tutto. Tu invece, non mi hai mai amato.

Dopo 5 mesi di fidanzamento era arrivato il compleanno di Charly. Andrea si era sempre comportata bene anche se aveva ricevuto diversi messaggi dai suoi ex pretendenti ed amanti. Per quanto ne sapeva lui era cambiata e lo aveva fatto davvero. Ultimamente però aveva iniziato a rimangiarsi le parole dette. Diceva di non pentirsi dei suoi rapporti occasionali, di essere stata solo con persone che le piacevano e chiedeva sempre a Charly di sperimentare nuove cose quando erano a letto. A lui più di cosa pensasse importavano i suoi comportamenti, era innamorato perso e forse le avrebbe perdonato addirittura un tradimento, e credetemi che questo non era affatto da Charly. L'amava con tutto sé stesso, col cuore, con la carne e con le ossa, tutto di lui non voleva altro che lei. I sensi di paura erano svaniti perché gli aveva dimostrato tante cose ed aveva fatto davvero tanto per renderlo felice. Aveva fatto tutto quello che mai nessuna era arrivata a fare ed in soli 5 mesi era riuscita a divenire la sua priorità. Sì, la sua priorità. Gli mancava solo un lavoro e le avrebbe chiesto di sposarlo. Avevano parlato tante volte di matrimonio e lei diceva di sognare quel giorno da una vita mentre sorrideva. Lui più la guardava e più pensava fosse la persona giusta. Passava le giornate a cercare di farla ridere per vederla felice il più possibile, anche se a volte quando veniva a sapere determinate cose che aveva fatto in passato tendeva a farle del male. Sapeva che forse non avrebbe dovuto interessargli, che si sarebbe dovuto concentrare su loro due, ma era più forte di lui, avrebbe voluto fosse stata solo sua e di nessun'altro. Forse era egoista, però così avrebbe voluto. Purtroppo non era possibile e doveva sopportare le sue foto seminuda inviatele dai suoi ex amanti di tutto il mondo, contornate dalle scritte più assurde, talvolta per lui incomprensibili. Lei aveva viaggiato tanto nella sua vita e diciamo che, da quanto aveva capito Charly, ogni occasione per lei era stata buona per fare esperienza. Lei così le chiamava: "Esperienze"

113

Con lei aveva vissuto i giorni più belli della sua vita e li stava ancora vivendo ma sentiva come stesse per perderla e non capiva il motivo visto che sembrava innamoratissima. Ecco perché voleva sposarla al più presto. Andrea per il compleanno di Charly aveva preparato un'altra sorpresa e lo bendò facendolo scendere pian piano, nel suo garage.

Andrea: "Aspetta, non ti sbendare che ti ammazzo"
Charles: "No, per carità..."
Era bendato da tipo 10 minuti, fermo, immobile, nell'attesa comincio a spazientirsi
Charles: "Amore mio dai..."
Andrea: "Uff... che palle, eccomi!"
Appena lo sbendò vide per terra delle candele che formavano la scritta "Auguri". Non poteva credere avesse fatto questo per lui "Amore mio" le disse abbracciandola forte.

Sapete quando l'abbracciavo tutto il mondo scompariva. Era come se esistessimo solo io e lei, legati indissolubilmente da un amore che poteva reggere qualsiasi confronto e qualsiasi tentazione. Era un legame di anime piuttosto che di corpi, un'unione ferma e forte che a parole non riesco a spiegarvi. Era la cosa più bella che avessi mai visto e ce l'avevo tra le mie braccia, capitemi.

Dopo poco tirò fuori una lanterna cinese e accendendola gli chiese di esprimere un desiderio 'Voglio solo te per sempre al mio fianco' pensò Charly, senza esitare.
Mi sa che non funzionano poi tanto bene quelle lanterne.
Il vero regalo fu un nuovo computer
Charles: "Quanto hai speso...sei pazza?"
Andrea: "Per vederti felice spenderei anche tutto l'oro del mondo"
Charles: "per me sei tu tutto l'oro del mondo!"

114

Andrea: "Hai sempre la risposta giusta da dare, in ogni situazione!"

Charles: "Dici?"

Andrea: "Cosa si prova quando ci si innamora?"

Charles: "Beh...dipende. A volte credi di essere innamorato solo perché provi belle sensazioni mentre sei con una persona o perché sa fare sesso come piace a te ad esempio. Altre, invece, credi di non esserlo mentre lo sei. Non c'è una concezione vera e propria di amore anche perché ognuno ama a suo modo ed ha il suo tempo per amare. Poi tu hai 25 anni non penso non ti sia mai innamorata."

Andrea: "Non lo so, forse una volta mi sono innamorata ma spiegati meglio, cosa si prova?"

Charles: "Io penso che quando veramente sei innamorato lo capisci da tutto."

Andrea: "Da tutto?"

Charles: "Si da tutto!"

Andrea: "Un po' ambigua come risposta ah ah ah"

Charles: "Invece no, perché è così!"

Andrea: "Che ne so tipo ti batte il cuore o ti vengono i brividi quando vedi una persona o magari mentre fai sesso provi sensazioni mai provate?"

Charles: "Lo capisci da tutto!"

Andrea: "Eddai...dimmi come si capisce?"

Charles: "Ti ripeto, lo capisci da tutto!"

Andrea: "Sei sicuro, proprio da tutto tutto?"

Charles: "Tutto, tutto, tutto!"

Andrea: "Allora penso di aver amato una sola volta nella mia vita."

Charles: "Addirittura...e chi?"

Andrea: "Te!"

Ero nel periodo più bello della mia vita, stavo benissimo, i litigi però iniziavano ad essere sempre più pesanti. Lei ci stava male e diceva di non voler litigare, ma quando usciva fuori un qualcuno del suo passato io diventavo una bestia, stavo malissimo e sfogavo la mia rabbia tartassandola di domande. Tornassi indietro non lo avrei mai fatto credetemi. Forse se realmente mi avesse amato avrebbe capito e mi avrebbe aspettato o forse ha fatto bene ad andarsene. Fatto sta che ha lasciato un vuoto dentro di me incolmabile. Mai più nessuna sarà messa al suo posto mentre lei al mio posto ci mise veramente poco a metterci un altro. La vita va così: passiamo il tempo con chi ci fa stare bene e non gli diamo le attenzioni che vorremmo dargli dopo esserci divisi.

Fine!

Grazie di avermi letto, grazie di avermi compreso, grazie di avermi scelto!
Trovi la parte finale di questo libro su Amazon

Se vuoi leggere altri miei scritti li trovi sempre su Amazon. Ti lascio i titoli:
"Perdonarsi per donarsi"
"Avrei voluto dirti almeno un… ciao!"

Se ne hai piacere seguimi sulle mie pagine social.
Cerca: Pasquale Stavolone

Printed in Great Britain
by Amazon

76441419R00071